T0194119

essentials

essentials liefern aktuelles Wissen in konzentrierter Form. Die Essenz dessen, worauf es als „State-of-the-Art" in der gegenwärtigen Fachdiskussion oder in der Praxis ankommt. *essentials* informieren schnell, unkompliziert und verständlich

- als Einführung in ein aktuelles Thema aus Ihrem Fachgebiet
- als Einstieg in ein für Sie noch unbekanntes Themenfeld
- als Einblick, um zum Thema mitreden zu können

Die Bücher in elektronischer und gedruckter Form bringen das Expertenwissen von Springer-Fachautoren kompakt zur Darstellung. Sie sind besonders für die Nutzung als eBook auf Tablet-PCs, eBook-Readern und Smartphones geeignet. *essentials:* Wissensbausteine aus den Wirtschafts-, Sozial- und Geisteswissenschaften, aus Technik und Naturwissenschaften sowie aus Medizin, Psychologie und Gesundheitsberufen. Von renommierten Autoren aller Springer-Verlagsmarken.

Weitere Bände in der Reihe http://www.springer.com/series/13088

Hermann Rock

Field Guide für Verhandlungsführer

Drei Basisstrategien für erfolgreiche Verhandlungen und Konfliktlösungen

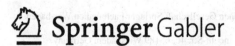

Hermann Rock
AFINUM Management GmbH
München, Deutschland

ISSN 2197-6708 ISSN 2197-6716 (electronic)
essentials
ISBN 978-3-658-30090-6 ISBN 978-3-658-30091-3 (eBook)
https://doi.org/10.1007/978-3-658-30091-3

Die Deutsche Nationalbibliothek verzeichnet diese Publikation in der Deutschen Nationalbibliografie; detaillierte bibliografische Daten sind im Internet über http://dnb.d-nb.de abrufbar.

© Der/die Herausgeber bzw. der/die Autor(en), exklusiv lizenziert durch Springer Fachmedien Wiesbaden GmbH, ein Teil von Springer Nature 2020
Das Werk einschließlich aller seiner Teile ist urheberrechtlich geschützt. Jede Verwertung, die nicht ausdrücklich vom Urheberrechtsgesetz zugelassen ist, bedarf der vorherigen Zustimmung des Verlags. Das gilt insbesondere für Vervielfältigungen, Bearbeitungen, Übersetzungen, Mikroverfilmungen und die Einspeicherung und Verarbeitung in elektronischen Systemen.
Die Wiedergabe von allgemein beschreibenden Bezeichnungen, Marken, Unternehmensnamen etc. in diesem Werk bedeutet nicht, dass diese frei durch jedermann benutzt werden dürfen. Die Berechtigung zur Benutzung unterliegt, auch ohne gesonderten Hinweis hierzu, den Regeln des Markenrechts. Die Rechte des jeweiligen Zeicheninhabers sind zu beachten.
Der Verlag, die Autoren und die Herausgeber gehen davon aus, dass die Angaben und Informationen in diesem Werk zum Zeitpunkt der Veröffentlichung vollständig und korrekt sind. Weder der Verlag, noch die Autoren oder die Herausgeber übernehmen, ausdrücklich oder implizit, Gewähr für den Inhalt des Werkes, etwaige Fehler oder Äußerungen. Der Verlag bleibt im Hinblick auf geografische Zuordnungen und Gebietsbezeichnungen in veröffentlichten Karten und Institutionsadressen neutral.

Planung/Lektorat: Guido Notthoff
Springer Gabler ist ein Imprint der eingetragenen Gesellschaft Springer Fachmedien Wiesbaden GmbH und ist ein Teil von Springer Nature.
Die Anschrift der Gesellschaft ist: Abraham-Lincoln-Str. 46, 65189 Wiesbaden, Germany

Was Sie in diesem *essential* finden

- Strategien und Taktiken, die auf dem Konzept der (polizeilichen) Krisenverhandlungen und damit der Praxis der Elite der Verhandlungsführer beruhen,
- Strategien und Taktiken, die universell in allen privaten und beruflichen Verhandlungen/Konfliktlösungen anwendbar sind
- 3 Strategien und deren Taktiken: i) wer nimmt welche Aufgaben wahr? (Team-Strategie), ii) wie verhält sich ein professioneller Verhandlungsführer? (BMI-Strategie) und iii) wie gestaltet man den pozessualen Ablauf einer Verhandlung? (ABC-Strategie).

Vorwort

„The most important words in any negotiation: *Talk to me.*"
(Dominick J. Misino, Former Primary Negotiator for the NYPD)

Dieser Field Guide für Verhandlungsführer soll Ihnen helfen, schnell und effizient die wesentlichen Strategien und Taktiken kurz vor einer privaten oder beruflichen **Verhandlung** zu wiederholen. Es ist gleichgültig, ob die Verhandlungen alltäglich oder komplex sind, den familiären Bereich betreffen, mit Freunden oder mit Kollegen im Büro oder mit externen Verhandlungspartnern geführt werden. Dieser Field Guide ist **universell** anwendbar.

Da Verhandlungen immer dazu dienen, Konflikte zu lösen, hilft Ihnen der Field Guide auch bei dem optimalen **Management** von **Konflikten,** sei es als Beteiligter oder z. B. als Schlichter von Streitigkeiten.

Die 3 Besonderheiten dieses *essentials*
Das Besondere an diesem *essential* lässt sich wie folgt auf 3 Aspekte reduzieren:

* **Erstens:** Der Field Guide stellt nur die **3 Basis-Strategien** dar, die der Verhandlungsführer (Konfliktmanager) am Tisch beherrschen muss:
  – die (**aufgaben**orientierte) **Team-Strategie**
  – die (**verhaltens**orientierte) **BMI-Strategie**
  – die (**prozess**orientierte) **ABC-Strategie.**
  – Es gehört zur Natur eines Field Guides, dass nicht im Detail erklärt wird, warum eine Strategie oder Taktik funktioniert, es wird vielmehr dargestellt, was konkret zu tun ist.

Wenn Sie hingegen das gesamte Verhandlungsgeschehen, also die 7 Aufgaben des Decision Makers, die 10 Aufgaben des Primary Negotiators und 15 zentrale Werkzeuge der Beeinflussung (Weapons of Influence) genau verstehen wollen, dann finden Sie die weiterführenden Details in dem Werk „Erfolgreiche Verhandlungsführung mit dem Driver-Seat-Konzept" (https://www.springer.com/de/book/9783658251895). Dieses Buch gewährt umfassende Einblicke und enthält auch ein 360° Negotiation Concept (vgl. Abb. 1).

- **Zweitens:** Der Field Guide beschreibt die 3 Basis-Strategien und die dazugehörigen wesentlichen Taktiken entsprechend dem **zeitlichen Ablauf** einer Verhandlung bzw. Konfliktlösung.
- **Drittens:** Das *essential* beruht auf den Strategien und Taktiken des (universell anwendbaren) Modells der Krisenverhandlungen (z. B. Geiselnahmen) und

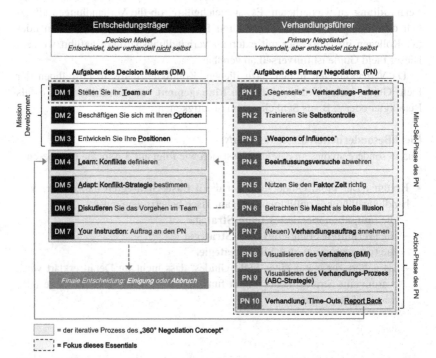

Abb. 1 Das Driver-Seat-Konzept und der Fokus dieses *essentials*

damit den Strategien und Taktiken der **Elite** der Verhandlungsführer. Diese Strategien und Taktiken werden u. a. an der FBI Academy in Quantico (auch als „Harvard of Law Enforcement" bezeichnet) gelehrt (vgl. Strentz 2018, S. xii).

Von den Besten der Besten können Sie insbesondere lernen, dass das Zuhören eine der wichtigsten Taktiken des Professionellen Verhandlungsführers ist. **„Talk to me"** (Sprich zu mir) war nicht nur der Spitzname von Dominick J. Misino, einem ehemaligen Verhandlungsführer des NYPD. „Talk to me" sind ohne jeden Zweifel die wichtigsten Worte in jeder Verhandlung (vgl. Misino 2004, S. 85).

Zum Driver-Seat-Konzept vgl. Abb. 1.

Zur Entstehung des *essentials*

Ich habe mich parallel zu meiner anwaltlichen Verhandlungs-Praxis und der dabei gesammelten Erfahrungen in über 130 erfolgreichen M&A Trans-aktionen (Mergers & Acquisitions) und unzähligen anderen Verhandlungen (u. a. zahlreichen Beteiligungsverträge mit Managern) seit 1998 auch ständig mit der dazugehörigen Verhandlungs-Theorie befasst. Neben meiner Tätig-keit als Berater von Decision Makern und/oder als aktiver Verhandlungsführer oder nur als rein zuhörender zweiter Verhandlungsführer habe ich meine Praxis durch die Teilnahme an diversen Trainings des Schranner Negotiation Institute in Zürich (www.schranner.com) perfektioniert. Im Mai 2018 erhielt ich dort die Zertifizierung zum **Advanced Negotiator®**. Daneben habe ich das eben-falls im Springer Gabler Verlag veröffentliche Buch Erfolgreiche Verhandlungs-führung mit dem Driver-Seat-Konzept verfasst (https://www.springer.com/de/book/9783658251895). Seit März 2019 bin ich als Gast-Referent im Executive MBA Programm der HSG (St. Gallen) aktiv. Während das Driver-Seat-Konzept umfassend alle wesentlichen Aspekte der Verhandlungsführung beschreibt, konzentriert sich dieses *essential* nur auf den Verhandlungsführer.

Warnung

Sie erhalten in diesem *essential* einen sehr detaillierten Einblick in die Praxis der Elite der Verhandlungsführer, nämlich der Crisis Negotiation Unit des FBI (CNU): „They are the best of the best" (Voss und Raz 2016, S. 96). Einige Autoren der öffentlich zugänglichen Texte weisen ausdrücklich darauf hin, dass diese Einblicke eigentlich nicht für jedermann publiziert werden. So stellt Greenstone auf den ersten Seiten seines Buches „The Elements of Police Hostage and Crisis Negotiation unmißverständlich klar: „**Not intended for general use or for public consumption**" (2005, S. iv). Strentz warnt in seinem Buch all diejenigen, die die FBI-Methoden lernen, um die Polizei zu übervorteilen ausdrücklich vor dem Einsatz des taktischen Teams, also der Scharfschützen, die keinen Spaß verstehen: „If one decides to play games and attempt to use this text to frustrate law enforcement and correctional negotiators then he or she will face the strenght of our tactical elements; ... they do not play games" (Strentz 2013, S. 5). Ich möchte ausdrücklich klarstellen, dass dieses *essential* **ausschließlich** dazu dient, Ihnen in Ihren **privaten** bzw. **beruflichen** schwierigen und komplexen wirtschaftlichen **Verhandlungen** bzw. dem Managen von **Konflikten** den Driver Seat zu sichern. Ausschließlich! Wenn Sie mit dem Know-how aus diesem Buch (insbesondere gem. Kap. 4) die Polizei übervorteilen wollen, ist dies lebensgefährlich.

Dank

Mein besonderer und uneingeschränkter Dank gilt zunächst allen sog. „schwierigen Verhandlungspartnern": Vielen Dank für die ständigen Herausforderungen, die mich dazu bewegt haben, mich mit den verschiedenen Modellen der Verhandlungsführung intensiv und kritisch zu beschäftigen und dabei in Anlehnung an das Modell der Krisenverhandlungen ein eigenes Konzept zu entwickeln.

Ebenso bedanke ich mich bei Matthias Schranner, der mir mit seinen hervorragenden Büchern und persönlichen Trainings den Einblick in die Welt der professionellen Verhandlungsführung eröffnet hat.

Mein Dank gilt weiterhin meinen AFINUM-Kollegen, mit denen die professionelle Umsetzung des Modells der Krisenverhandlungen seit vielen Jahren großen Spaß macht. Wir haben so gemeinsam schwierige Verhandlungen, bei denen andere gescheitert wären, erfolgreich beenden können.

Zudem danke ich dem Journalisten Clemens Schömann-Finck, der einen außerordentlich wichtigen Beitrag geleistet hat: er hat – praktisch mit dem Engagement und der Gewissenhaftigkeit eines Co-Autors – dafür gesorgt, dass das, was Sie jetzt gerade in Händen halten, so formuliert ist, dass es für Sie gut und leicht zu lesen ist.

Weiterhin danke ich Herrn Torsten Schneider, Investment Director der AFINUM Management GmbH, der dafür verantwortlich ist, dass Sie sich die Kern-Aussagen aufgrund seiner sehr einprägsamen Abbildungen gut merken können.

Besonderen Dank schulde ich auch dem Springer Gabler Verlag, insbesondere meinem Lektor Guido Notthoff, der schon das Driver-Seat-Konzept mit sehr viel Engagement betreut und nun dieses *essential* aktiv gefördert hat. Für die insgesamt erfolgte nachhaltige Betreuung bin ich auch meiner Lektorin, Frau Karin Siepmann sehr dankbar. Zudem danke ich dem gesamten Springer Gabler Team, dessen sehr professionelle Arbeit ich beim Fertigstellen des Driver-Seat-Konzepts sehr zu schätzen gelernt habe.

Natürlich schulde ich – last but not least – auch meiner Familie außerordentlich großen Dank, ohne ihre Unterstützung wäre diese „Nebenbeschäftigung" neben dem Full Time Job als Rechtsanwalt schlicht nicht möglich.

Hermann Rock

Inhaltsverzeichnis

Definition und Aufbau

1

Zunächst stelle ich Ihnen kurz die Definition des Begriffs Verhandlung vor und erläutere den Aufbau des *Essentials*.

1.1 Definition des Begriffs „Verhandlung"

> „... negotiation ... is the use of communication to exercise influence..."
> (Dolnik und Fitzgerald)

Es gibt naturgemäß unterschiedliche Definitionen in Bezug auf den Begriff „Verhandlung". Im Kern geht es um Kommunikation mit dem Ziel der Beeinflussung (Dolnik und Fitzgerald 2008, S. 1).

Die Ausgangssituation ist immer dieselbe: Es gibt ein Projekt. Dieses kann nur verwirklicht werden, wenn mindestens zwei Parteien – die wechselseitig aufeinander angewiesen sind – eine Einigung erzielen. Wenn die Einigung nicht ohne weiteres erzielt werden kann, beginnen automatisch die Verhandlungen. Entweder man einigt sich und realisiert das gemeinsame Projekt oder man einigt sich nicht und jeder entscheidet sich jeweils für diejenige andere Option, die die eigenen Interessen am ehesten wahrt.

Die Projekte sind so vielfältig wie unser Alltag: Es kann um den Restaurantbesuch, die Buchung des nächsten Urlaubs, den Kauf einer Waschmaschine, eines Autos, einer Wohnung, eines Hauses usw. usw. gehen. Im professionellen Bereich kann es z. B. um den Anstellungsvertrag für den nächsten Job, die Verhandlung über die Vergütung im bestehenden Job, einen Liefervertrag oder etwa um ein komplexes Vertragswerk wie (z. B. Unternehmenskaufvertrag,

© Der/die Herausgeber bzw. der/die Autor(en), exklusiv lizenziert durch
Springer Fachmedien Wiesbaden GmbH, ein Teil von Springer Nature 2020
H. Rock, *Field Guide für Verhandlungsführer*, essentials,
https://doi.org/10.1007/978-3-658-30091-3_1

Joint Venture) oder in der Politik um einen völkerrechtlichen Vertrag (z. B. BREXIT) gehen. Der Vielfalt sind keine Grenzen gesetzt.

Immer dann, wenn wir bei diesen **Projekten** (z. B. Anstellungsvertrag) in Bezug auf bestimmte **Themen** (z. B. Höhe der Vergütung) unterschiedliche **Positionen** (hohe Vergütung bzw. niedrige Vergütung) vertreten, beginnen wir – in alltäglichen Situationen ebenso wie in nicht alltäglichen Situationen – mit Verhandlungen, um den Partner zu beeinflussen.

Kurzum: Die Ausgangssituation ist gegeben, wenn mehrere Parteien in Bezug auf ein Projekt, das gemeinsam realisiert werden soll – gleichgültig ob trivial oder anspruchsvoll – **unterschiedliche Positionen** vertreten.

1.2 Aufbau

Das *Essential* ist wie folgt aufgebaut:

In Kap. 2 wird Ihr Mind-Set als Professioneller Verhandlungsführer skizziert. Dabei wird in diesem *Essential* der Begriff des „Professionellen Verhandlungsführers" für solche Verhandler verwendet, die die Best Practice – so wie in diesem *Essential* skizziert – beherrschen.

In Kap. 3 wird die (**aufgaben**orientierte) **Team-Strategie** skizziert. Es geht darum, wer welche **Aufgaben** (u. a. am Verhandlungstisch) wahrnimmt.

In Kap. 4 – dem Schwerpunkt dieses *Essentials* – wird die (**verhaltens**orientierte) **BMI-Strategie** skizziert. Es geht darum, wie Sie sich in einer Verhandlung professionell **verhalten.**

In Kap. 5 wird skizziert, wie Sie den **gesamten** Ablauf jeder Verhandlung strukturieren können (Opening + Middle of Act Two + Good Bye). Es geht insbesondere darum, wie Sie die **Kern**phase jeder Verhandlung (Middle of Act Two) mit der (**prozess**orientierten) **ABC-Strategie** optimal strukturieren und steuern.

Das *Essential* endet mit 4 Checklisten: der Checkliste zum Mind-Set (vgl. Kap. 6), der Checkliste zur Team-Strategie (vgl. Kap. 7, der Checkliste zur BMI-Strategie (vgl. Kap. 8) und der Checkliste zum gesamten Verhandlungs-Prozess einschließlich der ABC-Strategie (vgl. Kap. 9).

▶   Bitte erlauben Sie mir an dieser Stelle folgenden allgemeinen Hinweis: Sie werden in sämtlichen Kapiteln dieses Buches bewusst einfach formulierte Regeln finden, die z. B. mit **„always"** oder **„never"** eingeleitet werden. Es wird dabei nicht übersehen, dass es selbstverständlich Situationen gibt, in denen die jeweilige Regel nicht anwendbar ist. Ich verwende dennoch bewusst diese Regeln, damit Sie erst einmal einen **Grundsatz** mental verinnerlichen. Orientieren Sie sich deshalb bitte immer zuerst an dem Grundsatz und weichen Sie hiervon nur in begründeten Ausnahmefällen ab. Dies wird auch beim FBI gelehrt: „**Policy gives everyone a starting point**" (Strentz 2018, S. 296). Abweichungen sind zulässig, aber nur, wenn der Commander (Decision Maker) dies erlaubt: „We have .. learned it is absolutely necessary to have well-defined guidelines from which commanders can approve negotiators´deviations in a very deliberate and well-thought out manner" (Strentz 2018, S. 269).

Überprüfen Sie Ihr Mind-Set

2

Ein Professioneller Verhandler bzw. Verhandlungsführer zeichnet sich durch ein besonderes Mind-Set aus. Überprüfen Sie, ob Ihr Mind-Set diesen Anforderungen entspricht. Notfalls sollten Sie Ihr Mind-Set ändern, was natürlich leichter gesagt als getan ist. Dennoch, wenn Sie professionell verhandeln wollen, haben Sie keine Wahl. Die sechs wichtigsten Regeln lauten:

2.1 Die Gegenseite ist Ihr Partner

Professionelle Verhandlungsführer betrachten die „Gegenseite" immer als Partner, nämlich als **„Verhandlungspartner"**. George Kohlrieser (ehemaliger FBI Negotiator und Bestsellerautor) bringt es auf den Punkt: Machen Sie die andere Seite niemals zum Feind: **„Never create an enemy"** (Kohlrieser 2006, S. 117; vgl. auch Voss und Raz 2016, S. 205).

2.2 Absolute Selbstkontrolle ist unverzichtbar

Professionelle Verhandlungsführer haben trainiert, immer cool zu bleiben. Sie sind Meister der Selbstkontrolle. Es gilt der Rat von William Ury (einer der Väter des Harvard-Konzepts): „Don't react: Go to the balcony", betrachten Sie also die Dinge aus der Distanz bzw. von oben vom Balkon. Merken Sie sich weiterhin: „If you can't control yourself, you can't control the situation" (Goergen 2016, S. 19).

© Der/die Herausgeber bzw. der/die Autor(en), exklusiv lizenziert durch
Springer Fachmedien Wiesbaden GmbH, ein Teil von Springer Nature 2020
H. Rock, *Field Guide für Verhandlungsführer,* essentials,
https://doi.org/10.1007/978-3-658-30091-3_2

2.3   Nutzen Sie die Weapons of Influence

Professionelle Verhandlungsführer haben sich intensiv mit den sog. **Weapons of Influence** beschäftigt, um den Verhandlungspartner optimal beeinflussen zu können. Es gilt die Regel von Dolnik/Fitzgerald: „The negotiator must always be looking for ways to exercise influence" (Dolnik/Fitzgerald). Die aus meiner Sicht 15 wichtigsten Wepons of Influence werden nachfolgend in Abschn. 4.6 skizziert.

2.4   Wehren Sie die Weapons of Influence ab

Der Professionelle Verhandlungsführer weiß auch, wie er die Beeinflussung durch den Verhandlungspartner effektiv abwehrt. Er orientiert sich am Nobelpreisträger Daniel Kahneman und macht eine Pause, um die im Intuitiven System 1 erlebte Beeinflussung im Analytischen System 2 zu analysieren und dann entsprechend zu agieren: „Slow down and let your System 2 take control". Einzelheiten hierzu finden Sie auf den S. 321 ff. des Driver-Seat-Konzepts (https://www.springer.com/de/book/9783658251895).

2.5   Vermeiden Sie Zeitdruck

Ein Professioneller Verhandlungsführer lässt sich grundsätzlich nicht unter Zeitdruck setzen. Er setzt Pausen als unverzichtbare Taktik ein. Er weiß aus seiner langjährigen Erfahrung, dass in beruflichen und privaten Verhandlungen dasselbe gilt wie bei Krisenverhandlungen: „In this business, there is no quick fix" (Dominick J. Misino).

2.6   Unterlassen Sie die Einschätzung der Machtverhältnisse

Schließlich hat es sich der Professionelle Verhandlungsführer abgewöhnt, die unterschiedlichen Machtverhältnisse einzuschätzen. Er weiß, dass er nicht genügend Informationen hat, um zu einem zutreffenden Ergebnis zu kommen. Sie können zur Macht Ihres Decision Makers nur Annahmen treffen: „All power is based on perception" (Cohen 1982, S. 20). Diese Annahmen können aufgrund Ihres Informationsdefizits falsch sein.

Bitte folgen Sie uneingeschränkt der klaren Empfehlung des Experten Matthias Schranner: „Verzichten Sie auf die Einschätzung der Macht" (Schranner 2016b, S. 121).

Starten Sie mit der Team-Strategie

3

A Team First
(Dominick J. Misino)

Bitte prägen Sie sich eine der obersten Maximen des FBI ein: Derjenige, der entscheidet, verhandelt **nicht** selbst und der Verhandlungsführer darf keine Entscheidungen fällen. Im Original: „The negotiator is NOT the decision maker. The decision maker is NOT the negotiator" (Misino 2004, S. 16). Der Grund ist sehr einfach: wer persönlich verhandelt ist emotional involviert und hat deshalb nicht die nötige Distanz zum Verhandlungsgeschehen, um Entscheidungen kritisch zu durchdenken.

Jede Art von Verhandlung beginnt deshalb – immer – mit der (**aufgaben-orientierten**) **Team-Strategie**, d. h. der Entscheidungsträger (Decision Maker) bestimmt das Projekt-Team und als Teil davon auch das Verhandlungs-Team (Negotiation-Team) und verteilt die einzelnen Aufgaben.

Gehen Sie wie folgt vor:

3.1 Klären Sie die Rollen im Verhandlungsteam

Da dieser Field Guide für Verhandlungsführer geschrieben ist, ist Ihre Rolle klar: Sie sind der Primary Negotiator gem. Abschn. 3.1.1 Klären Sie die Rollen aller anderen Personen in ihrem Verhandlungsteam.

Im Einzelnen:

© Der/die Herausgeber bzw. der/die Autor(en), exklusiv lizenziert durch
Springer Fachmedien Wiesbaden GmbH, ein Teil von Springer Nature 2020
H. Rock, *Field Guide für Verhandlungsführer,* essentials,
https://doi.org/10.1007/978-3-658-30091-3_3

3.1.1 Primary Negotiator

„The negotiator is NOT the decision maker"
(Dominick J. Misino)

Wenn Sie vom Decision Maker zum Primary Negotiator ernannt werden, sind Sie typischerweise allein für die Verhandlungsführung zuständig. Sie koordinieren die Kommunikation mit der Gegenseite, also dem Verhandlungspartner. Sie allein entscheiden, wer von Ihrem Team wann welchen Beitrag zu leisten hat. Sie setzen die Mission um, die der Decision Maker Ihnen vorgibt (z. B. die Positionen eines Liefervertrages). Alle anderen Personen im Verhandlungsteam haben nur eine Aufgabe: Sie zu unterstützen und Ihre Weisungen zu beachten. Der Primary Negotiator „is the voice of the team and represents the on-scene commander" (Strentz 2013, S. 19). Sie finden als „Werkzeug" des Decision Makers mit Ihrem Team heraus, was Ihr Partner will, damit Ihr Decision Maker – aus der Distanz – die richtigen Entscheidungen (z. B. zur Anpassung von Positionen) treffen kann: **Finding out what the other side wants is the negotiator's job. Acting on it is the commander's"** (Misino 2004, S. 126).

Als Primary Negotiator sind Sie zudem für das Bonding, also das Herstellen und das Aufrechterhalten einer **Beziehung** (vgl. Abschn. 4.1) zuständig und damit automatisch der „**Good Guy"**: „The negotiator must remain the „Good cop" while blaming others for bad news and negative responses" (Strentz 2018, S. 114).

3.1.2 Bad Guys

„the bad guy is not moving on anything"
(G. Richard Shell)

Wenn Sie die Möglichkeit haben, die Rolle des Bad Guy zu vergeben (vgl. hierzu Abschn. 3.3.2), dann weisen Sie diese Person an, sich **nicht** auf die **Beziehung** zu konzentrieren. Der Bad Guy konzentriert sich **vorrangig** auf die **Mission**. Er beharrt auf Positionen und bewegt sich nicht, zumindest am Anfang der Verhandlung: „the bad guy is not moving on anything" (Shell 2006, S. 173).

Ihr am Verhandlungstisch präsenter Bad Guy darf Dinge machen, die Ihnen als Verhandlungsführer (also Good Guy, der für das Bonding zuständig ist), verboten sind. Er darf in der Verhandlung

- **unangenehm** auftreten
- **Klartext** sprechen
- **laut** werden und
- **harte Forderungen** formulieren.

Dieses professionell inszenierte Rollenspiel zwischen dem Negotiator (Good Guy) und dem Bad Guy ist in der Lebenswirklichkeit Bestandteil **jeder** professionellen Verhandlung – es wird auch oft als **„Good Guy/Bad Guy Taktik"** bezeichnet (vgl. Jung und Krebs 2016, S. 211 f.). Wichtig ist, dass Sie dieses Rollenspiel mit absoluter Aufrichtigkeit bzw. Ernsthaftigkeit präsentieren: „it is critical that you play it with the utmost sincerity" (Slatkin 2005, S. 60 f.).

Wenn Sie nicht die Möglichkeit haben, einen Bad Guy mit in die Verhandlungen zu nehmen, dann sollte der nicht in der Verhandlung anwesende Decision Maker (Chef bzw. Projektleiter) als Bad Guy fungieren (vgl. Abschn. 3.3.1). Alle **negativen** Aspekte werden dann von Ihnen als Verhandlungsführer auf den Entscheidungsträger projiziert („Ich verstehe Sie und würde Ihnen den Punkt gerne geben, mein Chef/Projektleiter sieht das aber leider anders").

3.1.3 Secondary Negotiator

> „The secondary will routinely do several tasks … at once"
> (McMains/Mullins)

Wenn Ihr Decision Maker die Rolle des Secondary Negotiators besetzt hat (vgl. Abschn. 3.3.3), dann wird dieser Sie auf vielfältige Weise unterstützen.

Achten Sie auf folgende Eigenschaften. Ein Secondary Negotiator

- ist sehr erfahren,
- spricht bei der Verhandlung fast gar nicht und konzentriert sich voll auf das Active Listening gem. Abschn. 4.1,
- hat viel Freiraum für seine eigenen Gedanken und eigenen Interpretationen,
- kann in jeder Situation Distanz zum Geschehen entwickeln,
- ist dazu in der Lage, Ihre Taktiken (als Primary Negotiator) auf die Übereinstimmung mit der vom Decision Maker vorgegebenen Strategie zu überwachen (vgl. Schranner 2013, S. 116; 2016b, S. 60 ff.)
- kann Sie (als Primary Negotiator) in den Time-Outs coachen und
- kann Sie (als Primary Negotiator) notfalls ersetzen.

Der Secondary Negotiator hat somit – wie McMains/Mullins hervorheben – verschiedene Aufgaben: „The secondary will routinely do several tasks … at once" (2014, S. 85). Er wird auch als **„best other negotiator"** bezeichnet (McMains und Mullins 2014, S. 118). Die Aufgabe des Secondary Negotiators kann selbstverständlich von mehreren Personen wahrgenommen werden: „The **secondary negotiator** position may be filled by more than one person" (Strentz 2018, S. 73).

3.1.4   Experten

„Consult experts or team advisors"
(James L. Greenstone)

Empfehlen Sie als Primary Negotiator Ihrem Decision Maker immer dann, wenn nicht alle relevanten Sachgebiete von den Mitgliedern des Verhandlungsteams abgedeckt werden, Experten zu konsultieren: „Consult experts or team advisors" (Greenstone 2005, S. 70).
Wenn diese Experten (z. B. Makler, Personalberater, Steuerberater usw.) an den Verhandlungen teilnehmen, müssen Sie als Primary Negotiator sicherstellen, dass diese Experten nur sprechen, wenn Sie ausdrücklich gefragt werden. Zudem sollten sie sich auf ihr Fachgebiet konzentrieren.

3.2   Klären Sie das Mind-Set des Teams

„Be a team player at all times"
(James L. Greenstone)

Schließlich ist auch entscheidend, dass alle Mitglieder des Verhandlungs-Teams professionell zusammenarbeiten und sich optimal unterstützen. Jeder muss seine Rolle perfekt beherrschen. „Arbeiten Sie wie ein Team. Gewinnen Sie als Team, verlieren Sie als Team und unterstützen Sie sich gegenseitig wie ein Team" (Greenstone 2005, S. 104). Aufgrund jahrzehntelanger Erfahrung in verschiedensten Konstellationen kann ich die FBI-Regeln nur bestätigen. Je erfahrener die Teammitglieder, desto wahrscheinlicher ist der Erfolg in der Verhandlung. Verhandlungsführung ist immer ein Team-Erfolg, niemals ein individuelles Ereignis (Greenstone 2005, S. 148). Folgen Sie deshalb dem Rat von Greenstone und sind Sie jederzeit ein Team-Player: „Be a team player at all times" (2005, S. 26).

3.3   Klären Sie die Größe des Teams

Ich habe – nach einigen Experimenten – die beste Erfahrung mit den folgenden **drei Grund-Modellen** gemacht, die auch berücksichtigen, dass der Mandant eine kostengünstige Lösung sucht (viele Team-Mitglieder führen auch zu hohen Transaktionskosten).

Die Grund-Modelle unterscheiden nach der wirtschaftlichen Bedeutung des jeweiligen Projekts. Im Falle von weniger bedeutsamen Verhandlungen empfehle ich ein „Standard Team" aus insgesamt nur 2 Personen, von denen nur einer die Verhandlungen führt.

Bei Projekten, die dem Mandanten so wichtig sind, dass er auch höhere Kosten in Kauf nehmen will, empfehle ich ein „Performance Team", bestehend aus 3 Personen. Bei besonders bedeutsamen Projekten empfehle ich ein „High Performance Team", bestehend aus mind. 4 Personen (ohne die Ultimate Higher Authority und ohne evtl. erforderliche Experten), von denen 3 an den Verhandlungen teilnehmen.

Schließlich erkläre ich das One Man Team, bei dem es es sich um ein in der Praxis unentbehrliches Notfall-Konzept handelt. Die Performance ist hier jedoch immer gefährdet. Immer!

Einen Überblick über die Team-Strategie und die drei Grund-Modelle (Standard Team, Performance Team und High Performance Team) finden Sie in der nachfolgenden Abb. 3.1.

3.3.1   Das Standard Team

Bei einem einfachen Projekt besteht das Projekt-Team i. d. R. nur aus **2 Personen,** also dem Decision Maker und dem Negotiator. Hier geht der Negotiator allein in die Verhandlung. Die Rolle des N-Team Leaders entfällt damit schon deshalb, weil es kein eigenes Negotiation-Team gibt. Daneben muss der Decision Maker entscheiden, ob bzw. welche Experten er benötigt, um die Mission zu entwickeln. Ich bezeichne diese Konstellation als **„Standard Team",** weil es sich um den Mindest-Standard handelt.

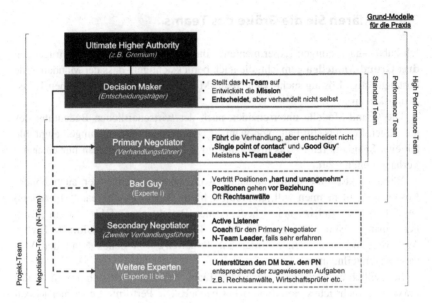

Abb. 3.1   Die Team-Strategie in der Verhandlung

3.3.2   Das Performance Team

Bei einem bedeutenden Projekt besteht das Projekt-Team aus **3 Personen,** nämlich dem Decision Maker und einem kleinen Negotiation-Team („**N-Team**"). Das kleine N-Team besteht dann aus einem Primary Negotiator (Good Guy) und einem Experten (z. B. Rechtsanwalt), der zugleich als präsenter Bad Guy aktiv ist. In dieser Konstellation ist der Primary Negotiator zugleich der N-Team-Leader. Ich bezeichne diese Konstellation als ***„Performance Team",*** weil sie in dieser Konstellation wirklich erfolgreich sein können.

3.3.3   Das High Performance Team

Bei einem sehr bedeutenden Projekt, also einem Projekt, das besondere wirtschaftliche Relevanz hat und damit auch höhere Projektkosten rechtfertigt, unterscheide ich zwischen dem **Projekt-Team** (alle Personen, die bei dem Projekt mitwirken) und dem **N-Team** (diejenigen Personen, die am Verhandlungstisch sitzen).

Das Projekt-Team besteht aus einem Gremium (Ultimate Higher Authority), einem Decision Maker (z. B. Projekt Manager), seinen Beratern (Experten) und dem N-Team.

Das **N-Team** besetze ich in der Regel mit genau **3 Personen** und habe mit einem solch kleinen N-Team – auch bei extrem wichtigen und komplexen Transaktionen – sehr gute Erfahrungen gemacht.

- **Primary Negotiator:** der Projekt-Manager, der sein Projekt bis ins Detail im Griff hat, führt die Verhandlungen, er ist der „single point of contact" (Schranner 2016b, S. 166 ff.) und beherrscht die BMI-Strategie gem. Kap. 4 sowie die Weapons of Influence gem. Abschn. 4.6 Er konzentriert sich als Good Guy auf die **Beziehung** mit dem Verhandlungspartner (idealerweise der Decision Maker der anderen Seite). Auf einen separaten N-Team Leader, der „über" dem Primary Negotiator steht, verzichte ich aus Kostengründen. Das Team muss so perfekt sein, dass es unter der Führung des Primary Negotiators (oder des Secondary Negotiators) auch ohne einen separaten N-Team Leader verhandeln kann (vgl. McMains und Mullins 2014, S. 85).
- **Experte:** das ist z. B. ein Rechtsanwalt, der das konkrete Rechtsgebiet beherrscht und als **Bad Guy** die Positionen ohne Nachgeben geltend macht und **verteidigt.** Er soll unmissverständlich erklären, welche Positionen dem Decision Maker wichtig sind. Er darf so lange argumentieren bzw. diskutieren, bis der Primary Negotiator ihm höflich das Wort entzieht („Ich glaube, wir haben nun ausführlich alle Argumente und Gegenargumente ausgetauscht und drehen uns langsam im Kreis. Lassen Sie uns den Punkt auf die Offene Punkte Liste setzen und später nochmals aufgreifen"). Auch dieser Experte verhält sich in der Regel höflich und respektvoll.
- **Secondary Negotiator:** dies ist ein sehr erfahrener Verhandlungsexperte. Er kann sich auf das Active Listening gem. Abschn. 4.1 konzentrieren und wird daher wesentlich mehr Eindrücke in der Verhandlungssituation sammeln als der Primary Negotiator und der Experte, die sich sehr intensiv auf ihre Rollen konzentrieren müssen. Während der Time-Outs kann der Secondary dann seine Eindrücke mitteilen und den Primary Negotiator coachen.

3.3.4   Ausnahme-Fall: One Man Team

Wenn Sie auf sich allein gestellt sind, müssen Sie die beiden Rollen „Entscheidungsträger" und „Verhandlungsführer" abwechselnd „spielen". In dieser Situation gibt es eine Notlösung: Kreieren Sie ein „**One Man Team**" (Misino

2004, S. 17). Entscheiden Sie sich dabei bitte für eine der beiden folgenden Varianten: Weisen Sie Ihren Verhandlungspartner entweder darauf hin, dass Sie die Zustimmung eines Dritten benötigen (Variante 1) oder regen Sie vor einer Entscheidung (nur) ein Time-Out an (Variante 2):

In der Variante 1 (**Berater und Time-Out**) bestimmen Sie eine Person Ihres Vertrauens zu Ihrem Berater. Diesem Berater teilen Sie mit, dass Sie Ihre Entscheidung von seiner **Zustimmung** abhängig machen werden. Dies kann Ihr Ehepartner, Lebensgefährte oder ein Berater oder ein anderer Dritter sein, der Ihre mögliche Entscheidung kritisch hinterfragt und Sie vor zu schnellen Entscheidungen schützt, die nicht in Ihrem Interesse sind. Im privaten Bereich können Sie dann z. B. nach der jeweiligen Verhandlungs-Runde sagen: „Ich kann das nicht alleine entscheiden, ich benötige dafür die Zustimmung von meinem Berater (meiner Frau/meinem Mann/meinem Partner/meiner Familie usw.), mit dem ich mich erst abstimmen möchte."

In der Variante 2 (**nur Time-Out**) erklären Sie am Ende jeder Verhandlungs-Runde – in Ihrer Rolle als Verhandlungsführer – gegenüber der anderen Seite, dass Sie derzeit keine endgültige Entscheidung fällen können und zuerst nochmals eine Bedenkzeit benötigen. Am besten, Sie schlafen eine Nacht darüber. Dann können Sie Abstand gewinnen. Dieses Prinzip (eine Nacht zu schlafen, bevor Sie eine wichtige Entscheidung fällen) ist so zentral, dass es sogar Bestandteil einer Rechtsnorm geworden ist. Gemäß § 6 Absatz 1, Satz 1 der Wehrbeschwerdeordnung ist die Beschwerde eines Soldaten erst zulässig, wenn er nach dem „Beschwerdeanlass" eine Nacht darüber geschlafen hat.

3.4   Schreiben Sie eine Team-Mail

Schreiben Sie als N-Team Leader ab sofort auch Team-Mails, in der Sie alle im Team daran erinnern, welche Rolle sie jeweils haben. Sie werden sehen, dass eine solche Team-Mail die Verhandlungsführung deutlich verbessert.

3.5   Zusammenfassung

Aus Gründen der Praktikabilität und zur Vermeidung von Doppelungen werden die wesentlichen Aspekte nur in der Checkliste zusammengefasst, zur Team-Strategie vgl. Kap. 7.

Visualisieren Sie die BMI-Strategie 4

*All high performers have a secret – they use their mind's
eye to focus on the benefits and not the pain*
(George Kohlrieser)

Als Primary Negotiator erfüllen Sie denjenigen **Auftrag**, den Ihnen der **Decision Maker** überträgt.

Um die erforderliche mentale Souveränität zu erlangen, müssen Sie zwingend – wie alle erfolgreichen Menschen – Ihr geistiges Auge (Mind's Eye) auf den Erfolg bzw. auf Ihr Ziel fokussieren. Genau dies habe ich von dem ehemaligen FBI-Verhandlungsführer George Kohlrieser gelernt. Er schreibt: „All high performers have a secret – they **use their mind's eye to focus on the benefits** and not the pain" (Kohlrieser 2006, S. 21; Hervorh. d. d. Verf.). Dazu müssen Sie auch vor der Verhandlung immer wieder Ihr zukünftiges Verhalten vor Ihrem geistigen Auge ablaufen lassen, damit Sie dieses **Verhalten** dann in der Verhandlung spontan abrufen können.

Visualisieren Sie die „BMI-Strategie"

- Das B steht für Bonding und damit die **Beziehungsebene** zwischen den unmittelbar Verhandelnden (vgl. Kohlrieser 2006, S. 37 ff., 128, 152 ff.; Shell 2006, S. 58 ff.).
- Das M steht für die Mission, also das Projekt bzw. den **sachlichen** Gegenstand der Verhandlung und damit insbesondere die einzelnen Positionen (vgl. Shell 2006, S. 26 ff.).
- Das I steht für Influence, also zum einen die Maßnahmen, mit denen Sie die andere Seite von der eigenen Mission bestmöglich **überzeugen,** wenn die andere Seite Ihren Positionen nicht sofort zustimmt und zum anderen

© Der/die Herausgeber bzw. der/die Autor(en), exklusiv lizenziert durch
Springer Fachmedien Wiesbaden GmbH, ein Teil von Springer Nature 2020
H. Rock, *Field Guide für Verhandlungsführer,* essentials,
https://doi.org/10.1007/978-3-658-30091-3_4

Maßnahmen, mit denen Sie den Einfluss der anderen Seite abwehren können (vgl. McMains und Mullins 2014, S. 261 ff.).

Das Symbol der BMI-Strategie ist die **BMI-Treppe** mit 7 Stufen [vgl. nachfolgende Abb. 4.1]. Die BMI-Treppe beruht auf dem von der Crisis Negotiation Unit (CNU) des New York Police Departments entwickelten „Behavioral Change Stairway Model" – kurz „BCSM" – (vgl. Vecchi et al. 2005, S. 541). Ich habe es zum Zwecke der Anwendbarkeit bei Ihren privaten und beruflichen Verhandlungen leicht modifiziert und die 5 Stufen des BCSM (Active Listening, Empathy, Rapport und Influence) um zwei Treppen (betreffend die Mission) ergänzt.

Die verhaltens-orientierte BMI-Strategie können Sie in **allen** Situationen der zwischenmenschlichen Kommunikation einsetzen, mit anderen Worten: Sie ist **universell anwendbar.** Gehen Sie die 7 Stufen immer wieder durch, um den Ablauf zu verinnerlichen.

Die Übergänge der 7 Stufen sind sehr häufig fließend
Zunächst geht es um den Prozess bzw. die Taktiken des Bonding. Der Prozess des Bonding besteht aus den ersten 3 Stufen: i) „Verstehen", ii) „Verständnis kommunizieren" und dadurch iii) „Vertrauen erzeugen". Wenn Sie die Stufe „Vertrauen erzeugen" erklommen haben, geht es auf Stufe 4 (Learn) darum, zuerst die Partner- Mission zu verstehen. Wenn möglich sollten Sie erst danach die eigene Mission kommunizieren (Stufe 5: Bargain). Wenn Ihr Partner Ihren Positionen nicht zustimmt, müssen Sie versuchen, ihn mit den Weapons of Influence zu beeinflussen (Stufe 6: Influence). Idealerweise erreichen Sie das Ziel, nämlich die Änderung des Verhaltens Ihres Verhandlungspartners auf Stufe 7 (Compliance/

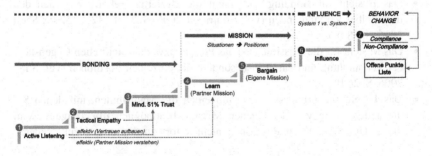

Abb. 4.1 Die BMI-Treppe in Anlehnung an das BCSM des FBI

Non-Compliance). Wenn Sie dieses Ziel nicht erreichen, haben Sie entweder einen vorläufigen oder einen endgültigen Deadlock.

Natürlich sind die 7 Stufen nicht exakt abzugrenzen, sie überschneiden bzw. überlagern sich. Der **Übergang** ist oft **fließend**. Die 7 Stufen sollen Ihnen immer wieder – im wahrsten Sinne des Wortes – Folgendes vor Augen führen: **Starten** Sie immer mit dem **Bonding**. **Fokussieren** Sie sich erst danach auf die **Missionen**. Setzen Sie dabei schon die Weapons of Influence ein. **Intensivieren** Sie – wenn erforderlich später – den Einsatz der **Weapons of Influence**.

Die 7 Stufen der Treppe der BMI-Strategie bzw. der BMI-Treppe sehen damit – leicht modifiziert – wie folgt aus:

Alle 7 Stufen, die ich nun skizziere, werden – wie schon oben hervorgehoben – in diesem Essential als „**BMI-Treppe**" bezeichnet.

4.1   Stufe 1: Active Listening[80]

„Talk to me"
(Dominick J. Misino)

In dieser Stufe 1 geht es darum, den Verhandlungspartner zu **verstehen**. Das Werkzeug bzw. die Taktik hierfür ist das „Active Listening[80]". Diese Taktik besteht aus 7 taktischen Maßnahmen. Die Active Listening[80] Taktik ist **affektiv** (weil Sie Vertrauen aufbauen) und zugleich **effektiv** (weil Sie viel über die Mission des Verhandlungspartners erfahren) (vgl. https://www.pon.harvard.edu/daily/crisis-negotiations/crisis-negotiations-and-negotiation-skills-insights-from-the-new-york-city-police-department-hostage-negotiations-team/. Zugegriffen: 07.06.2018). „Talk to me" (Sprich zu mir) war der Spitzname von Dominick J. Misino, einem ehemaligen Verhandlungsführer des NYPD. „Talk to me" sind zudem die wichtigsten Worte in jeder Verhandlung (vgl. Misino 2004, S. 85). Sie sind so bedeutsam, dass das NYPD diese 3 Worte „Talk to me" zum Motto der Verhandlungseinheit gewählt hat (vgl. http://nypdnews.com/talktome/. Zugegriffen: 07.06.2018). Der Professionelle Verhandlungsführer bemüht sich also um einen tendenziell geringen Redeanteil. Folgen Sie Thomas Strentz (ein in der Szene sehr bekannter ehemaliger Negotiator und Trainer des FBI), der unter Berufung auf das Negotiation Team der Lousiana State Police („They strive for 80–20") (2013, S. 14) einen Redeanteil von **20 %** vorschlägt. Dies bedeutet umgekehrt: Sie sollten zu 80 % (aktiv) zuhören: „That is, the subject talks for 80 % of the time while the negotiator talks for 20 %. They have a sign with 80/20 on it to remind the primary negotiator of this lifesaving procedure" (Strentz 2013, S. 14).

Damit Sie nicht mehr vergessen, dass Sie bitte zu **80 %** zuhören, habe ich die Zahl 80 mit dem Begriff Active Listening verknüpft: Active Listening[80]. Die 7 taktischen Maßnahmen des Active Listening[80] sind:

Nr. 1: Steuern Sie Ihr nonverbales Verhalten und Ihre Stimme
Starten Sie das Active Listening[80] mit Ihrem nonverbalen Verhalten. Wenn Sie die großartige Chance haben, mit Ihrem Verhandlungspartner „Face 2 Face" zu verhandeln (die beste Art, Verhandlungen zu führen), dann sollten Sie zunächst eine **positive mentale Einstellung** haben und sich dem Verhandlungspartner am Verhandlungstisch zuwenden und insgesamt eine offene Körperhaltung einnehmen. Ihre Offenheit sollte sich aus Ihrer Mimik und Gestik ablesen lassen, z. B. durch ein gelegentliches Nicken mit dem Kopf. Das Wichtigste ist: Zeigen Sie Ihrem Verhandlungspartner **ungeteilte Aufmerksamkeit** und bringen Sie ihm so zwangsläufig **Respekt** entgegen. Sprechen Sie mit einer beruhigenden Stimme (vgl. Voss und Raz 2016, S. 31).

Nr. 2: Stellen Sie Offene Fragen („Open ended questions" bzw. „W-Fragen")

„What exactly is it you want?"
(Dominick J. Misino)

Durch Offene Fragen (Open-ended questions), also Fragen, die die nicht mit einem bloßen „Ja" oder „Nein") beantwortet werden können, wird zum einen die **Beziehung** hergestellt bzw. intensiviert, weil Ihr Verhandlungspartner merkt, dass Sie sich für ihn und seine Situation bzw. Motive interessieren (**affektive** Komponente). Durch Offene Fragen erhalten Sie weiterhin detaillierte **Informationen** zu der Situation Ihres Verhandlungspartners (**effektive** Komponente).

Achtung: Stellen Sie hingegen erst einmal gar keine Fragen, wenn Ihr Partner von sich aus redet und Ihnen mitteilt, was ihm wichtig ist.
Grundsätzlich sind alle **W-Fragen** geeignet, also z. B.

- **Wie** darf ich das verstehen?
- **Was** genau meinen Sie?
- **Wann** soll diese Leistung nach Ihrer Vorstellung erbracht werden?
- **Wozu** benötigen wir diese Klausel?
- **Was** wäre, wenn die Klausel wie folgt modifiziert werden würde?
- **Wer** ist dafür zuständig?

Und bitte mit Vorsicht (siehe unten): **Warum** ist dieser Aspekt so wichtig für Sie?

Voss warnt – zu Recht – vor der Frage „Warum?". Diese Frage kann nämlich dazu führen, dass sich jemand plötzlich gezwungen sieht, etwas zu rechtfertigen. Dieser **Rechtfertigungsdruck** kann die Stimmung im Verhandlungsraum verschlechtern. Seien Sie mit dieser Frage in **emotional anspannenden** Situationen deshalb bitte sehr vorsichtig: „**Avoid asking the „Why" question**" (Goergen 2016, S. 26).

Solange das Gespräch auf einer rationalen Ebene geführt wird und beide Seiten mit Genuss ihre Argumente austauschen, ist die Frage nach dem „Warum?" natürlich ein jedem Verhandlungsführer bestens vertrautes Standard-Werkzeug.

Professionelle Verhandlungsführer wissen, dass es bei den Interessen auch immer um die sog. **menschlichen Grundbedürfnisse** (basic human needs) (vgl. McMains und Mullins 2014, S. 136; Goergen 2016, S. 19) geht. Da die Bedürfnisse den medizinischen Bereich bzw. die Seele betreffen, merke ich mir dies mit dem medizinischen Kürzel des fiktiven Chefarzt **Dr. Seele (CA Dr. S)**:

- **C**ontrol (Selbstbestimmung): das Gefühl, selbst entscheiden zu können
- **A**ccomplishment (Leistung/Erfolg): das Gefühl, etwas erreicht zu haben
- **D**ignity (Achtung): das Gesicht wahren können
- **R**ecognition (Anerkennung): die eigene Sicht der Dinge wird von anderen verstanden
- **S**ecurity (Sicherheit): physische und psychische Sicherheit, Abwesenheit von Schäden

Versuchen Sie zu erkennen, welche Grundbedürfnisse Ihrem Partner besonders wichtig sind, damit Sie diese in Phase C gem. Abschn. 5.2.3 der Verhandlung befriedigen können.

Nr. 3: Hören Sie zu

„If you can't hear you can't negotiate"
(Dominick J. Misino)

Zuhören ist eine extrem harte Arbeit. Wenn Sie nicht zuhören können, dann können Sie auch nicht verhandeln: „If you can't hear you can't negotiate" (Misino 2004, S. 75).

Lassen Sie Ihren Verhandlungspartner **ausreden**. Unterbrechen Sie ihn also nicht! Nur so erhalten Sie Informationen.

Konzentrieren Sie sich auf die Aufnahme der wertvollen Informationen, die Ihr Verhandlungspartner Ihnen preisgibt. Unterdrücken Sie den natürlichen

Reflex, sofort Gegenargumente zu entwickeln. Wenn es machbar ist, sollten Sie dafür einen Secondary Negotiator an der Seite haben (vgl. Abschn. 3.1.3). Denken Sie bitte immer daran, dass Sie Zuhören, um die **Welt** Ihres Partners zu betreten. Sie wollen verstehen, wie er denkt. Sie wollen Ihr Informationsdefizit reduzieren.

Nr. 4: Geben Sie „Active Listening Statements" ab
Ich bezeichne solche Statements des Primary Negotiators, die das Zuhören und das Bonding intensivieren sollen, als **„Active Listenig Statements"**. Active Listening Statements enthalten keine Aussagen zur eigenen Mission bzw. zu den eigenen Positionen. Active Listenig Statements unterscheiden sich damit klar von den I-Statements[20]. I-Statements[20] sind insbesondere ein Instrument zur Kommunikation der eigenen Mission bzw. der eigenen Positionen auf Stufe 5 der BMI-Treppe (vgl. Abschn. 4.5).

Active Listening Statements sind in der Originalsprache des FBI (vgl. Goergen 2016, S. 25) die folgenden 5 taktischen Maßnahmen:

• **Minimal Encouragers** (Minimale Zustimmung)
Während der Verhandlungspartner redet, fügen Sie kurz und knapp Begriffe ein, wie z. B.: „Hm", „Ja, interessant", „Aha", „Uh-uhuh", „Okay", „Wirklich", „Ich höre" (vgl. Krauthan 2013, S. 136; Vecchi et al. 2005, S. 543; Goergen 2016, S. 25).
• **Mirroring** (Wiederholen der letzten Worte)
Wenn der Verhandlungspartner Ihnen z. B. mitteilt, dass er eine bestimmte Forderung von Ihnen zurückweist, weil das für ihn mit zu viel Aufwand verbunden ist, können Sie z. B. fragen **„Zu viel Aufwand?"**. Wenn eine Diskussion sehr emotional gefärbt ist, lohnt es sich das Mirroring in Bezug auf Begriffe anzuwenden, die mit **positiven** Inhalten verknüpft sind („2019 erfolgreichstes Jahr?").
• **Emotional Labeling** (Emotionale Bewertung wiedergeben)
Ignorieren Sie niemals die Emotionen Ihres Verhandlung-Partners: „Don't ignore the other side's emotions" (Ury 2007, S. 59). Analysieren Sie die Emotionen und geben Sie diese wieder. In der Verhandlung können Sie z. B. sagen: „Sie **klingen** sehr **verärgert** in Bezug auf die Länge der Lieferzeiten in der Vergangenheit", oder „Ich glaube, ich **höre** eine gewisse **Verärgerung** in Ihrer Stimme. Ich bedaure das sehr und hoffe, mit Ihnen eine Lösung zu finden, die keinen Ärger verursacht" (vgl. Vecchi et al. 2005, S. 542).

• **Paraphrising** (Zusammenfassung sachliche Inhalte)
Nachdem Sie dem Partner zugehört haben und er sich zu einem bestimmten
Thema geäußert hat, können Sie z. B. wie folgt antworten: „Vielen Dank für
Ihre Ausführungen zum Thema Lieferzeiten, **zusammenfassend glaube ich
verstanden zu haben,** dass Sie den folgenden Standpunkt vertreten: ... Habe
ich Ihren Standpunkt **richtig wiedergegeben?**" Wiederholen Sie diese Taktik
ständig: „Paraphrase and ask for corrections" (Ury 2007, S. 57). Das Wiederholen mit eigenen Worten führt auch dazu, dass Sie Missverständnisse bzw.
Kommunikationsstörungen in Bezug auf die Mission des Verhandlungspartners **herausarbeiten.**
• **Summarizing** (Zusammenfassung der sachlichen Inhalte i. V. m. der
emotionalen Bewertung)
Formulieren Sie z. B. „Vielen Dank für Ihre Ausführungen zu den Liefer-
bedingungen bzw. den Lieferzeiten. **Zusammenfassend** glaube ich, verstanden
zu haben, dass in der Vergangenheit die Lieferzeiten zum Teil **zu lange** waren
und Sie genau diese Verzögerungen in der Vergangenheit **verärgert** haben".

Nr. 5: „Effective Pauses": Machen Sie immer wieder Effektive Pausen

„Pause and say nothing"
(William Ury)

Eine Effektive Pause (Effective Pause) bedeutet, dass Sie absichtlich schweigen:
„Pause and say nothing" (Ury 2007, S. 45).
Diese taktische Maßnahme können Sie vor und/oder nach einem eigenen
bedeutenden Statement einsetzen. Da die meisten Menschen Stille nicht ertragen
können, fangen sie an zu reden und geben Ihnen mehr Informationen (vgl. Schranner
2016b, S. 150). Strentz empfiehlt: „...the average American can tolerate ten seconds
of silence. So, practice silence for eleven, twelve, thirteen seconds..." (2018, S. 112).

Nr. 6: Machen Sie sich Notizen

„Write things down"
(James L. Greenstone)

Haben Sie stets einen Block und einen Stift griffbereit, um sich Notizen zu
machen. Durch das Mitschreiben der Forderungen bzw. Begründungen/Aus-
führungen Ihres Verhandlungspartners bewirken Sie drei Dinge: Erstens
dokumentieren Sie wichtige Informationen, die Ihnen später noch eine große

Hilfe im Rahmen der Verhandlungen sind. Zweitens fühlt sich Ihr Verhandlungspartner durch das Mitschreiben **geschätzt**. Drittens können Sie sich selbst
beruhigen, wenn aus Ihrer Sicht unverschämte Forderungen gestellt werden;
durch das Schweigen und Mitschreiben vermeiden Sie es, einen Kommentar
abzugeben. Ihre Notizen sind somit auch ein Hilfsmittel für Ihre **Selbstkontrolle**.

Nr. 7: Wenden Sie das Nachrichtenquadrat an

Analysieren Sie die Nachrichten, die Ihnen präsentiert werden unter Beachtung
des Nachrichtenquadrats von Schulz von Thun (vgl. Schranner 2016a, S. 41 ff.).
Das Nachrichtenquadrat bedeutet, dass Sie sämtliche Kommunikation (Worte,
Gestik, Mimik) unter vier Gesichtspunkten analysieren können. Stellen Sie sich
dazu die folgenden 4 Fragen und beantworten Sie diese dann:

- Welche rein **sachlichen** Informationen enthält die Nachricht?
- Was sagt Ihr Verhandlungspartner **über sich** als Person bzw. über seine
  Situation, insbesondere seine emotionale und rationale Welt aus? Was offen-
  bart er Ihnen über sich selbst?
- Welche (versteckte) **Handlungsaufforderung** enthält die Nachricht Ihres Ver-
  handlungspartners? Was genau sollen Sie tun oder unterlassen?
- Was sagt die Nachricht über die **Beziehung** zwischen Ihnen und Ihrem Partner
  aus? Fühlt sich Ihr Verhandlungspartner überlegen oder unterlegen? Sieht er
  Sie beide auf derselben Ebene?

Konzentrieren Sie sich beim Zuhören auf die sachlichen Informationen und die
Analyse der Situation Ihres Verhandlungspartners, um so die Selbstkontrolle
sicherzustellen, die erforderlich ist, um die gesamte Verhandlungs-Situation zu
kontrollieren.

Ärgern Sie sich nicht über eine eventuelle Handlungsaufforderung und/oder
eine – vielleicht nur vermeintlich – „herablassende Belehrung" Ihres Partners, der
meint, über Ihnen zu stehen.

Beispiel

Ein sehr einprägsames Beispiel hierfür, das auch von Schranner zitiert wird,
stammt von Schulz von Thun: Ein Ehepaar fährt in einem Auto auf eine grüne
Ampel zu. Die Frau sitzt am Steuer. Der Mann sagt kurz vor der Ampel: **„Du,
da vorne ist grün"**.

Die rein sachliche Information (die **Sachebene**) ist eindeutig: Die Ampel
zeigt grünes Licht, man hat also freie Fahrt. Der Ehemann sagt auch etwas über

seine Situation aus (**Selbstoffenbarung**): Er ist sehr aufmerksam und hat es eventuell sehr eilig. Die Handlungsaufforderung (der **Appell**) ist auch klar: Die Frau soll schneller fahren, damit sie die Ampel noch während der Grün-Phase passieren kann. Schließlich kann noch die **Beziehungsebene** analysiert werden: Der Mann hält sich evtl. für überlegen, er will seine Frau deshalb belehren.

4.2   Stufe 2: Tactical Empathy (Zeigen Sie Verständnis)

„As negotiators we use empathy because it works"
(Chris Voss)

Stufe 2 (Tactical Empathy): Hier zeigen Sie Ihrem Verhandlungspartner, dass Sie ihn (von seinem Standpunkt aus betrachtet) verstehen, Sie müssen also Verständnis kommunizieren. Es geht um die „Tactical Empathy" (vgl. Voss und Raz 2016, S. 50 ff.).

Dies ist nach dem Active Listening[80] die zweite Taktik bzw. die Stufe Nr. 2 der BMI-Strategie. Sie beruht auf den Erkenntnissen der ersten Stufe. Sie besteht aus 3 taktischen Maßnahmen:

Taktische Empathie bedeutet, dass Sie sich mental in die **Situation** des Verhandlungspartners **versetzen**. Captain Frank Bolz (Leader of the first NYPD Hostage Negotiations Team) empfiehlt deshalb: Ziehen Sie sich – symbolisch gesprochen – die Schuhe des Täters an und gehen Sie ein paar Schritte in diesen Schuhen: „Put yourself in the perpetrator's shoes" (Bolz und Hershey 1995, S. 153).

Empathie ist das Verständnis der Erwartungen Ihres Partners, der **Story** Ihres Partners und der **Gefühle** Ihres Partners: „Empathy is understanding the actor's expectations, as well as the actor's story and feelings" (McMains und Mullins 2014, S. 137).

Nachdem Sie mental die Rollen gewechselt haben (Role Reversal), müssen Sie Ihrem Partner nun – auf Grundlage des Active Listening[80] – auch **kommunizieren,** dass Sie ihn **verstehen** (vgl. Ury 2007, S. 58). Sagen Sie z. B.:

- „Ich verstehe Ihre Sicht der Dinge"
- „Ich verstehe Ihre Situation"
- „Da haben Sie einen Punkt"
- „Wenn ich in Ihrer Situation wäre, dann würde ich es (wohl) genauso sehen".

Auch wenn Ihnen Ihr Verhandlungspartner nicht sympathisch ist, sollten Sie versuchen, bei ihm durch **Lob** Sympathie zu erzeugen, um so das Bonding zu festigen. So berichtet Schranner, dass er früher als Verhandlungsführer der Polizei einen Geiselnehmer immer lobte und ihm z. B. sagte, dass er sehr professionell vorgeht (www.schranner.com/de/news/2014/08/26/die-erste-minute-eines-gesprächs. Zugegriffen: 12.09.2018).

4.3   Stufe 3: mind. 51 % Trust

„We want to get … 51 percent"
(Dominick J. Misino)

Wenn Sie die Stufen 1 und 2 erfolgreich absolvieren (das kann Sekunden aber auch Tage oder Monate dauern), erreichen Sie irgendwann ein gegenseitiges Vertrauen von mindestens 51 %. Hier geht es um „Rapport" bzw. „Trust". Die Stufe 3 ist also das erste wichtige Zwischen-Ziel, das Sie durch den Einsatz der beiden Taktiken „Active Listening[80]" und „Tactical Empathy" erreichen wollen. Die Formel für erfolgreiches Bonding lautet mithin: Active Listening[80] + Tactical Empathy + Zeit = mind. 51 % Trust.

Das FBI formuliert sehr pointiert, dass man sich das **„Recht zum Verhandeln"** zunächst durch Bonding **„verdienen"** muss (vgl. Vecchi et al. 2005, S. 545).

Ob Sie ein Trust-Level von mindestens 51 % erreicht haben, können Sie sehr einfach feststellen: Ihr Partner **gibt Ihnen persönliche Informationen, die er Ihnen nicht preisgeben müsste.** In seinem Crisis Negotiators Field Guide hebt Goergen (2016, S. 40) deshalb hervor, dass die Offenlegung von persönlichen Informationen („Subject's disclosure of personal information") einen großen Fortschritt bei jeder Verhandlung bedeutet. Umgekehrt ist das Zurückhalten von Informationen ein deutliches Zeichen von Misstrauen (vgl. Schwarz 2014, S. 315).

Achtung: Entfalten Sie keine Aktivitäten, die Sie unter das Trust-Level von 51 % bringen können. Sonst würden Sie sich die Basis für die wechselseitige Kommunikation der Missionen und die darauffolgende fokussierte Beeinflussung wieder nehmen. Ich bezeichne jede einzelne Aktivität, die das Bonding gefährden kann, als **„Bonding-Breaker".**

Vermeiden Sie klassische Bonding Breaker:

• Verhalten Sie sich nicht respektlos
• Werten Sie nicht die Leistung Ihres Partners ab
• Verletzen Sie nicht die Gebote der Fairness
• Halten Sie Ihre Versprechen
• Seien Sie nicht überheblich
• Lügen Sie nicht, Verwenden Sie keine Tricks
• Drohen Sie niemals, arbeiten Sie nur mit Warnungen
• Treten Sie nicht aggressiv auf
• Treiben Sie Ihren Partner nicht in die Ecke
• Diktieren Sie niemals die Bedingungen
• Erteilen Sie keine Ratschläge

Details hierzu finden Sie in dem Driver-Seat-Konzept (vgl. Rock 2019, S. 237 ff.).

4.4 Stufe 4: Learn: Werten Sie ständig die jeweils aktuellen Informationen aus

„Think intelligence first, second, and last"
(James L. Greenstone)

Auf der vierten Stufe (Learn) setzen Sie weiterhin das Active Listening[80] ein. Nachdem bereits Vertrauen aufgebaut wurde, **fokussieren** Sie sich nun darauf, möglichst viel über die **Mission** Ihres Partners herauszufinden. Sie lassen Ihren Partner grundsätzlich starten (Never Open Rule gem. Abschn. 5.1). Sie versuchen insbesondere, seine Welt zu betreten und (immer wieder) – jeweils vorläufig – die Konflikte zu definieren. Wenn Ihr Partner nicht starten will, dann müssen Sie beginnen und schon auf Stufe 4 die Mission Ihres Decision Makers präsentieren. Dann würde diese Stufe die Bezeichnung „Bargain" tragen.

In der Regel sammeln Sie schon während des Active Listening[80] Informationen über die Positionen und die Situation Ihres Partners. Dazu stellen Sie in der Regel die „W-Fragen" (vgl. Abschn. 4.1). Ihre Fragen fokussieren sich dabei darauf, vorsichtig die Beziehung aufzubauen. Ihre Fragen beziehen sich nur nebenbei auf die Mission.

Auf Stufe 4 verschiebt sich der Fokus Ihrer Fragen. Nun fokussieren Sie sich auf Fragen, die sich an der effektiven Komponente des Active Listening[80] orientieren. Sie stellen nun vorwiegend Fragen, um bereits geäußerte Positionen zu verstehen.

Gehen Sie wie folgt vor: **Ignorieren** Sie zunächst die von Ihrem Partner kommunizierten Positionen. Gehen Sie immer zunächst von Kommunikationsversehen bzw. Missverständnissen aus. Analysieren Sie dann das Team Ihres Partners (wer ist der Boss, was will der Boss?) und die Situation, insbesondere seine Welt. **Interpretieren** Sie dann kurz die ursprünglich kommunizierten Positionen vor diesem Hintergrund. **Klären** Sie dann durch Nachfragen, ob Ihre Interpretation zutrifft bzw. was Ihr Partner wirklich will (Never assume). **Definieren** Sie nun die echten und oft auch die vermeintlichen Konflikte. Eine ausführliche Anleitung zu diesem Vorgehen finden Sie auf den S. 84 ff. des Driver-Seat-Konzepts.

4.5   Stufe 5: Bargain

„I'm not comfortable with ..."
(William Ury)

Auf der Grundlage Ihrer Erkenntnisse zu der Partner-Mission (Stufe 4: Learn) können Sie jetzt – und grundsätzlich erst jetzt (!) – Ihre Positionen (also die Mission Ihres Decision Makers) in Gestalt von „Ich-Botschaften" („I-Statements[20]") kommunizieren (Bargain). Wenn und soweit dies zur Zustimmung (Compliance) bei Ihrem Verhandlungspartner führt, haben Sie Ihr Ziel bereits auf Stufe 5 (Bargain) erreicht. In Bezug auf alle anderen Punkte können Sie auf Stufe 5 (Bargain) die Konflikte präzise definieren. Wenn Sie die Never Open Rule nicht anwenden konnten, haben Sie bereits auf Stufe 4 Ihre Positionen kommuniziert und hören jetzt Ihrem Partner zu. Stufe 4 und Stufe 5 sind also austauschbar. Stufe 5 ist jedoch immmer die Stufe, auf der Sie die Konflikte definieren können.

In der Phase A (Analyse Open Points) (vgl. Abschn. 5.2.1) bedeutet Bargain: „Bargain Hard".

In der Phase C (Concessions Package Procedure) (vgl. Abschn. 5.2.3) bedeutet Bargain: „Use "give and take" bargaining".

Achten Sie auf Ihren Redeanteil: **20 %.** Verwenden Sie **„Ich-Botschaften".** Ich-Botschaften sind weniger streitanfällig, weil man über persönliche Erfahrungen/Meinungen nicht „objektiv" diskutieren kann. Damit Sie immer an den Redeanteil von 20 % erinnert werden, verwende ich für professionelle Ich-Botschaften den Begriff **„I-Statements[20]".**

Zudem müssen Sie nicht immer argumentieren. Nutzen Sie regelmäßig die taktische Formulierung „I'm not comfortable with …" (Ury 2007, S. 71) und genießen Sie die verblüffende Wirkung.

Verwenden Sie I-Statements[20]
I-Statments[20] weisen folgende Eigenschaften auf:

- Sie enthalten das Wort „Ich"
  Sagen Sie: „**Ich** denke …., **ich** bin der Meinung, **ich** glaube…"
- Sie enthalten kein „Ja"
  Sagen Sie z. B.: Das klingt **interessant** oder „das ist **vorstellbar**" oder „darüber würde ich **nachdenken** wollen" (vgl. Schranner 2016b, S. 106, 119). Ein definitives Ja dürfen Sie erst formulieren, wenn alle offenen Punkte erledigt sind und Sie sich endgültig – mit Rechtsbindungswillen – vertraglich festlegen wollen, also z. B. durch die schriftliche Unterzeichnung eines Vertrages.
- Sie enthalten kein „Nein"
  Weiterhin sollten Sie das Wort „Nein" vermeiden: „**Avoid giving a „no"**
  response to a demand" (Greenstone 2005, S. 18). Ein „Nein" ist für Laien ein „Stopp-Signal", das Professionelle Verhandlungsführer nicht setzen. Es gilt uneingeschränkt: „**No to No**" (Greenstone 2005, S. 151).
  Das Wort „Nein" können Sie durch das Wort „**schwierig**" oder „sehr schwierig" ersetzen. Formulieren Sie z. B.: „Diesen Aspekt halte ich für eher schwierig" (vgl. Schranner 2016b, S. 106, 119).
- Sie sind im Konjunktiv formuliert
  I Statements[20] werden im Konjunktiv formuliert, um frühe Festlegungen zu vermeiden (vgl. Schranner 2016b, S. 28, 36, 159). Formulieren Sie z. B.: „Ich **könnte** mir vorstellen, dass wir das so machen" oder „es ist für mich durchaus **vorstellbar,** so vorzugehen, wie Sie es vorschlagen".
- Sie enthalten Emotionen.
  Idealerweise verknüpfen Sie Ihre I-Statements[20] mit einer Emotion („Ich habe das **Gefühl,** dass Sie diesen Punkt nicht bevorzugen, weil …").

4.6   Stufe 6: Influence

„After all, in negotiation one's currency is influence"
(Dolnick und Fitzgerald)

Wenn und soweit Sie in Bezug auf Ihre Mission Widerspruch ernten (es erfolgt
also keine Compliance), müssen Sie nun die Taktiken der Beeinflussung
(Influence) fokussiert anwenden und die Beeinflussung intensivieren. Sie
müssen also genau überlegen, welche der Waffen der Beeinflussung bzw. welche
taktischen Maßnahmen Sie in welcher Reihenfolge gezielt einsetzen. Einen Überblick über die 15 wichtigsten Waffen der Beeinflussung enthält die nachfolgende
Abb. 4.2.

Die einzelnen Waffen der Beeinflussung werden in Kap. 5 des
Driver-Seat-Konzepts im Detail erläutert (vgl. Rock 2019, S. 321 ff.). Hier sollen
die 15 klassischen Waffen nur kurz skizziert werden. Ihr Ziel ist es, dass das sog.
Intuitive System I des Verhandlungspartners **automatische Reaktionen** auslöst.
Ich unterteile die Waffen bzw. taktischen Maßnahmen in **5 verschiedene Serien.**
Die Reihenfolge der einzelnen Weapons ist **keineswegs zwingend,** sie dient nur
der Orientierung.

Serie 1: Sympathie -> Anchoring -> Argumente
Vor jeder Verhandlung sollten Sie versuchen, durch den Einsatz der Waffe
Sympathie für eine gute Stimmung zu sorgen. Betonen Sie ständig Ihre
Kooperationsbereitschaft und Ihren Willen, gemeinsam nach einer für alle

Weapons of Influence

Phase: Analyse Open Points				
Serie 1	Sympathie	➡	Anchoring	➡	Argumente
Serie 2	Beispiele	➡	Bilder	➡	Story
Serie 3	Soziale Bewährtheit	➡	Autorität	➡	Fairness
Serie 4	Priming	➡	Framing	➡	Partizipation

Phase: Concessions Package Procedere				
Serie 1				
⋮				
Serie 4				
+ Serie 5	Reziprozität	➡	Konsistenz	➡	Knappheit

Abb. 4.2 Die wichtigsten „Weapons of Influence"

Beteiligten akzeptablen Lösung zu suchen. Suchen Sie nach Gemeinsamkeiten (z. B. Freizeitaktivitäten wie Sport und Kultur) und heben Sie diese hervor. Sobald es um die Mission geht, wird die Waffe des **Anchoring** durch das Geltendmachen von Positionen benutzt. Das heißt, es wird z. B. versucht, einen möglichst hohen Kaufpreis (Verkäufer) bzw. niedrigen Kaufpreis (Käufer) als Referenzwert im Kopf des Verhandlungspartners zu verankern.

Darauf folgt in der Regel das Vorbringen von **Argumenten,** die Position wird also logisch mit dem Begriff „weil" begründet. Argumente können überzeugen. Es kann aber auch – der Klassiker in schwierigen Verhandlungen – zu einem lebendigen Austausch bzw. Kampf von Argument und Gegenargument kommen. Wenn die Verhandlungsführer realisieren, dass das bloße Argument den jeweiligen Partner nicht überzeugt, startet man die nächste Serie. Bitte beachten Sie unbedingt, dass Argumente in einer Phase, in der die Stimmung am Tisch gut ist, hilfreich sein können. Sie erfahren nämlich sehr viel über die Welt Ihres Partners. In einer Phase, in der die Stimmung sehr **emotional** bzw. „aufgeheizt" ist, sollten Sie hingegen vollständig auf Argumente **verzichten,** da diese ohnehin nicht mehr gehört werden.

Serie 2: Beispiele -> Bilder -> Stories
Jetzt können Sie **Beispiele** nennen, um die „Richtigkeit" Ihrer Position zu untermauern. Dann folgen oft **Bilder** und schließlich (idealerweise persönliche) **Geschichten.** Beispiele, Bilder und Stories können überzeugen. Wenn Sie als Verhandlungsführer realisieren, dass weder Beispiele, noch Bilder noch Stories den Partner von der eigenen Position überzeugen, können Sie die nächste Serie starten.

Serie 3: Soziale Bewährtheit -> Autorität -> Fairness
Nun können Sie mit der Waffe **Soziale Bewährtheit** arbeiten und z. B. die folgende Formulierung verwenden: „Das ist unsere Standard-Klausel". Nicht selten lassen sich jetzt einige überzeugen und lenken ein. Wenn der Standard nicht überzeugt, können Sie die Waffe der **Autorität** einsetzen: „Das hat mir mein Chef so vorgegeben". Auch diese Waffe hat eine gute Erfolgsquote. Wenn dies nicht sofort wirkt, fragt der Profi z. B. „Warum ist diese Lösung fair?" und versucht die Waffe der **Fairness** zu aktivieren. Chris Voss nennt sie zu Recht die „F-Bomb" (Voss und Raz 2016, S. 124). Wer diese Waffe schon einmal eingesetzt und die Reaktionen hierauf erlebt hat, weiß welche unglaubliche Kraft diese Waffe entfaltet. Wenn die bislang eingesetzten Waffen nicht die erforderliche Überzeugung bzw. Compliance bewirken konnten, können Sie die Serie 4 starten.

Serie 4: Priming -> Framing -> Partizipation
Mittels **Priming** können Sie soziales Verhalten aktivieren. Negotiator des FBI
verwenden zu diesem Zweck sehr häufig die Begriffe „gemeinsam", „Lösung"
und „fair". Mit Formulierungen wie „Wir wollen doch **gemeinsam** das Projekt
über die Ziellinie bringen und werden deshalb auch **Lösungen** finden, die wir
beide als **fair** empfinden" primen Sie die gemeinsame Suche nach Lösungen
der Konflikte. Sie bewirken, dass bei Ihrem Partner die Gedächtnisinhalte
„gemeinsam", „Lösung" und „fair" aktiviert und sodann die nachfolgenden
Gedanken genau dort verarbeitet werden. Zudem sollten Sie sowohl den **Nutzen**
darstellen, den Ihr Partner hat, wenn er Ihrer Position folgt (Gain Frame) als auch
den **Nachteil** erwähnen, den Ihr Partner erleidet, wenn er Ihrer Position nicht
folgt (Loss Frame). So fragt der Profi z. B. „**Was geschieht, wenn wir uns nicht
einigen?**" Damit wendet er den Loss Frame an und aktiviert eine der effektivsten
Waffen, die in Verhandlungsräumen zum Einsatz gebracht werden können: die
„**Loss Aversion**". Schließlich wendet der Profi die ultimative Waffe ein, die
auch aus Sicht des FBI zu den erfolgreichsten Waffen überhaupt gehört: die
Partizipation. Eine der Fragen lautet: „**Wie wollen wir das gemeinsam lösen?**"
oder „**Wie soll ich das machen?, helfen Sie mir**".

Serie 5: Reziprozität -> Konsistenz -> Knappheit
Die Waffe der **Reziprozität** entfaltet ihre volle Kraft in der Phase C (Concessions
Package Procedure), in der Sie sich auf die Lösung der in Phase A (idealerweise)
vollständig definierten Konflikte konzentrieren. Diese Verhandlungsphase ist vom
„Geben und Nehmen" bzw. dem Verhandeln von Paketen geprägt.

Wenn Ihr Partner auf die Idee kommt, die Verhandlungen frühzeitig abzu-
brechen, können Sie die Waffe der **Konsistenz** einsetzen („Jetzt verhandeln
wir so lange, jetzt soll doch die Mühe nicht vergeblich sein, lassen Sie uns das
Projekt zu Ende bringen"). Wenn sich die Verhandlungen irgendwann in die
Länge ziehen und eigentlich alles ausdiskutiert ist, können Sie mit der Waffe der
Knappheit (z. B. einer Fristsetzung) auf den Abschluss drängen.

4.7   Stufe 7: Compliance/Non-Compliance

„No deal is better than a bad deal"
(Chris Voss)

Haben Sie die Waffen der Beeinflussung erfolgreich eingesetzt, sind Sie am
Ziel: Ihr Verhandlungspartner ändert sein Verhalten (Behavior Change bzw.

Compliance). Wenn Sie trotz des Einsatzes der Waffen der Beeinflussung keine Änderung des Verhaltens erreichen können (Non-Compliance), dann haben Sie zumindest zu diesem Zeitpunkt alles nach der Best Practice Mögliche getan. Sie haben also keine strategischen und/oder taktischen Fehler gemacht. In der Phase A (Analyse Open Points) der Verhandlung setzen Sie solche Punkte, über die Sie trotz der Anwendung aller Taktiken der Best Practice keine Einigung erzielen können, auf die „Offene Punkte Liste". Entweder Sie finden in Phase C (Concessions Package Procedure) eine Einigung oder Sie entscheiden sich bewusst dafür, diesen Deal nicht zu machen.

4.8 Zusammenfassung

Aus Gründen der Praktikabilität und zur Vermeidung von Doppelungen werden die wesentlichen Aspekte nur in der Checkliste zusammengefasst, zur BMI-Strategie vgl. Kap. 8.

Visualisieren Sie den Verhandlungs-Prozess i. V. m. der ABC-Strategie

5

... it's a new roll oft he dice
(Frank Bolz)

Ab jetzt ist nichts mehr planbar.

Es gilt: „No matter how good your record has been, **it's a new roll of the dice.** You don't know who you're dealing with" (https://cityroom.blogs.nytimes.com/2012/09/10/ask-a-hostage-negotiator/. Zugegriffen: 12.09.2018). Mit dieser Unsicherheit können Sie jedoch sehr gut umgehen, weil Sie die Umsetzung der (**aufgaben**orientierten) **Team-Strategie,** der (**verhaltens**orientierten) **BMI-Strategie** und der (**prozess**orientierten) **ABC-Strategie** beherrschen.

Einen Überblick über die Verhandlungsrunde mit den drei Elementen Opening, Middle of Act Two und Good Bye enthält die nachfolgende Abb. 5.1.

5.1 Das Opening

„Prepare your opening statement"
(James L. Greenstone)

Das Element Opening setzt sich aus 3 Phasen zusammen: dem Small Talk, der Abstimmung der Agenda und schließlich dem Smart Start. Bereiten Sie dementsprechend Ihre jeweiliges Opening Statement in Bezug auf den Small Talk, die Agenda und den Smart Start vor: „Prepare your opening statement" (Greenstone 2005, S. 51).

Im Einzelnen:

© Der/die Herausgeber bzw. der/die Autor(en), exklusiv lizenziert durch
Springer Fachmedien Wiesbaden GmbH, ein Teil von Springer Nature 2020
H. Rock, *Field Guide für Verhandlungsführer,* essentials,
https://doi.org/10.1007/978-3-658-30091-3_5

Elemente

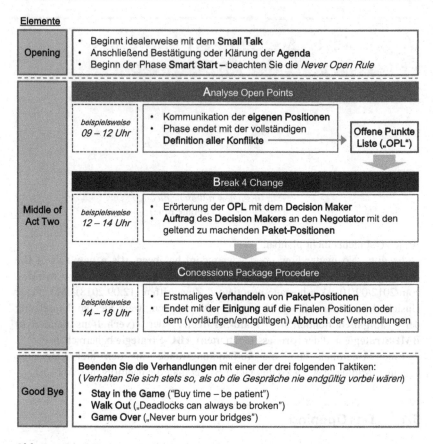

Abb. 5.1 Die 3 Elemente der Verhandlungs-Runde (ABC-Strategie)

Small Talk

Der Small Talk ist ein sehr wichtiges taktisches Element der Verhandlungsführung. Professionelle Verhandlungsführer können so Sympathie erzeugen. Sympathie wiederum ist eine der Weapons of Influence (vgl. Abschn. 4.6), die ein Bonding bewirken können. Sympathie wird u. a. erzeugt durch das Betonen von **Gemeinsamkeiten** (gleiche Hobbies, gleiche Ferienorte, gleiche Vorliebe für bestimmten Sportverein usw.) und das **Loben** der anderen Seite.

Agenda

Es ist sehr sinnvoll und auch üblich, vor Verhandlungen eine Agenda auszutauschen, damit sich jeder entsprechend vorbereiten kann. Wenn es um Verträge geht, ist die Best Practice sehr einfach: Verwenden Sie den **Vertragstext** als Agenda. Dieses „**Ein Text Verfahren**" (vgl. Fisher et al. 2002, S. 164 ff.), wonach immer alle Beteiligten sich an einer Version des Textes bzw. der Änderungsversion dieses Textes orientieren, stellt sicher, dass stets alle Parteien über dieselbe Sache reden, also im wahrsten Sinne des Wortes „on the same page" sind.

Smart Start

Machen Sie es sich zur Gewohnheit, Ihren Partner eröffnen zu lassen; eröffnen Sie selbst nur ausnahmsweise (Smart Start). Es gilt also grundsätzlich: „**You go first**" (Misino 2004, S. 123). Dies ist die Kernaussage der „Never Open Rule" (vgl. Shell 2006, S. 158; Voss und Raz 2016, S. 129 ff.). Die Never Open Rule beruht auf dem in jeder Verhandlung ständig bestehenden **Informationsdefizit.**

Die Eröffnung durch die Gegenseite sollte mit einer professionellen Ablehnung des ersten Angebotes beantwortet werden: „**Never say yes to the first offer**" (Dawson 1999, S. 23). Sonst könnte der Verhandlungspartner entweder verärgert denken, dass er zu wenig gefordert und nicht gut genug verhandelt hat oder er könnte skeptisch annehmen, dass „etwas nicht stimmt" (vgl. Dawson 1999, S. 23 f.).

Ausnahme: Eröffnung in der Krise

Die o. g. Empfehlungen gelten nicht in der **Krise,** also einer emotional angespannten Situation. Wenn ich in einer Krisen-Situation (z. B. Streit unter Gesellschaftern) vermitteln darf, folge ich selbstverständlich uneingeschränkt den Tipps des FBI: „**Introduction: Name, agency, a willingness to help**" (Goergen 2016, S. 34). Ich stelle mich vor und betone, dass ich helfen will: „Grüß Gott, mein Name ist Hermann Rock, ich bin Rechtsanwalt. Ich bin hier, um Ihnen zu helfen. Wir wollen heute gemeinsam eine Lösung erarbeiten". Danach folgt sofort eine taktische Pause. Nun lasse ich die andere Seite reden und höre zu.

5.2   Middle of Act Two

„… trying to write a script …"
(McMains und Mullins)

Das Wesen des zweiten Elements jeder Verhandlung ist die Nicht-Planbarkeit bzw. das Chaos. Der treffendste Vergleich, den ich je in einem Fachbuch gelesen habe, stammt aus einem Lehrbuch des FBI. Dort wird ein Vergleich zum **Drama** hergestellt, der passender nicht sein könnte: Ein Negotiator, der eine Verhandlung in einer Krisensituation beginnt, erlebt diesen Einstieg genau so, als würde er als Schauspieler die Bühne in der **Mitte des Zweiten Aktes** eines Dramas (also während der Zuspitzung des Konfliktes) betreten, **ohne jedoch** – und das ist der ausschlaggebende Punkt – **das Drehbuch zu kennen:** „For negotiators, intervening in a crisis is like an actor entering the play in **the middle of Act Two,** but without a script" (McMains und Mullins 2014, S. 131, Hervorhebung d. d. Verfasser).

Damit ist es Ihre Aufgabe als Professioneller Negotiator, gemeinsam mit Ihrem Partner das Drehbuch für die Lösung zu schreiben: „At the same time, he or she is **trying to write a script** and to direct the subject who already has his or her own script towards a new ending" (McMains und Mullins 2014, S. 131; Hervorhebung d. d.Verfasser).

Im Einzelnen:

5.2.1 Phase A: Analyse Open Points

„Negotiating is not making friends"
(Dominick J. Misino)

Definition
Die **Phase A** (Analyse Open Points) **beginnt** mit der erstmaligen Kommunikation der Positionen Ihres Decision Makers an Ihren Verhandlungspartner und **endet** zu dem Zeitpunkt, in dem alle Parteien erstmals gemeinsam der Meinung sind, dass sie alle Konflikte definiert und in einer **Offenen Punkte Liste** dokumentiert haben. Stellen Sie Ihrem Verhandlungspartners die Frage: **„If we solve all of these problems, do we have a deal?"** (Ross 2006, S. 139). Wenn die Antwort „Ja" lautet, ist die Phase A beendet. Diese Phase ist damit exakt eingrenzbar.

Wahl der Konflikt-Strategie
In der Phase A versuchen Sie, sich durchzusetzen. Sie gehen die Konflikte an und analysieren diese präzise. Sie wenden bewusst die Konflikt-Strategie „Competing" an (vgl. www.kilmanndiagnostics.com. Zugegriffen: 12.09.2018).

Sie verhalten sich dabei stets höflich und respektvoll, d. h die Konfrontation betrifft nur die Inhalte (**Professionelle Konfrontation**).

Mind-Set
Konfrontation fällt vielen Menschen schwer, weil sie sich lieber so verhalten, dass sie Freunde gewinnen. Verhandlungen werden jedoch nicht geführt, um Freunde zu gewinnen: „Negotiating is not making friends" (Misino 2004, S. 171). Verhandlungen werden geführt, um die Mission zu erfüllen. Misino hat daher in seinen Trainings jungen Verhandlungsführern geraten, den Verhandlungspartner weder als Freund noch als Feind zu behandeln und sich auf das Ziel zu konzentrieren: „Leave your friend attitude outside … leave your cop attitude outside … focus on your goal" (2004, S. 171). Zudem gilt für Sie ohne jede Ausnahme: „**Conflict is positive**" (Kohlrieser 2006, S. 101). **Vermeiden Sie niemals** einen ehrlichen und klaren **Konflikt,** bei dem Sie Ihren Partner mit Würde und Respekt behandeln: „don't avoid honest, clear conflict".

Spielen Sie in der Phase A das Spiel, um es zu gewinnen: „**Play to win**" (Ross 2006, S. 22). Immer wenn ein Konflikt aufkommt, sollten Sie diesen in der ersten Phase offen ansprechen und genau herausarbeiten bzw. definieren (Analyse des Konflikts) und sich erst nach der vollständigen Analyse aller Konflikte auf das Erreichen des gemeinsamen Ziels (Lösung der Konflikte) konzentrieren.

Taktiken

*   Ihr **Strategie-Papier:**
    Legen Sie schon zu Beginn der Verhandlung ein weißes Blatt Papier mit der Überschrift „Offene Punkte Liste" vor sich. Dann denken Sie automatisch daran, dass Sie nicht nachgeben, sondern jeden Punkt, der offen bleibt, auf dieser Liste notieren.
*   Starten Sie mit dem **Bonding** (Stufen 1 bis 3 der BMI-Treppe)
*   Fokussieren Sie sich auf die **Mission (Learn** und **Bargain Hard)** (Stufen 4 und 5 der BMI-Treppe)
    Vertreten sie Ihre Positionen unnachgiebig.
    Sollte der Verhandlungspartner nicht nachgeben, auch nach intensivem Einsatz der Weapons of Influence (Stufe 6), müssen Sie jede strittige Position auf einer „**Offenen Punkte Liste**" notieren, die alle Konflikte skizziert (Stufe 7).
    Achtung: in dieser Phase A (Analyse Open Points) geht es nur darum, die Konflikte zu definieren bzw. zu analysieren. Es geht (noch) nicht um Lösungen!

Dieses Vorgehen müssen Sie solange fortsetzen, bis die Offene Punkte Liste
vollständig ist. Um dies zu klären, sollten Sie die von Ross bzw.
seinem Mandanten Donald Trump verwendete Kontrollfrage verwenden: **„Wenn wir
uns über alle diese Punkte einigen, haben wir dann einen Deal?"** (Ross
2006, S. 94).

Wenn Ihr Partner die Frage mit „Nein" beantwortet, müssen Sie die restlichen
Offenen Punkte klären. Wenn Ihr Partner diese Frage mit „Ja" beantwortet,
liegt eine – aus Sicht aller Parteien – derzeit vollständige Offene Punkte Liste
vor. In Bezug auf die BMI-Treppe befinden Sie sich auf Stufe 7 (Compliance/
Non-Compliance).

Damit ist zugleich die Phase A (Analyse Open Points) abgeschlossen.

* Regen Sie **Time-Outs** an

5.2.2   Phase B: Break 4 Change

„Negotiators are not in the business of meeting demands,
but rather of satisfying needs"
(McMains und Mullins)

Definition

Die „Phase B" (Break 4 Change) beschreibt den Zeitraum ab der erstmaligen
Erörterung der **Offenen Punkte Liste** (die beide Parteien als vollständig
bezeichnen) mit dem Decision Maker und **endet** mit dem **Auftrag** des Decision
Makers an den Negotiator, das erste situationenorientierte **Paket** und die darin
enthaltenen Paket-Positionen geltend zu machen.

Der Decision Maker entscheidet, ob er die Konflikt-Strategie nun ändert
(Break 4 Change). Er hat – unter Beachtung des oben genannten und nachfolgend
skizzierten Thomas-Kilmann Conflict Mode Instrument – 5 Varianten zur Wahl:
die Konfrontation fortsetzen oder den Konflikt verschieben (Avoiding) oder
einen Kompromiss vorschlagen (Compromising) oder ohne jede Gegenleistung
nachgeben (Accomodating) oder das Kooperieren mit dem Verhandlungspartner
(Collaborating).

Einen Überblick über diese 5 Varianten enthält die nachfolgende Abb. 5.2.

Wenn die Beziehung zu Ihrem Partner wichtig ist und Sie eine Lösung finden
wollen, die beide Seiten zufriedenstellt, ist die Entscheidung klar: Wechsel zur
Kooperation. Nun ist zu klären, wie man insbesondere die bislang analysierten
Bedürfnisse des Verhandlungspartners **befriedigen** kann, ohne dabei die

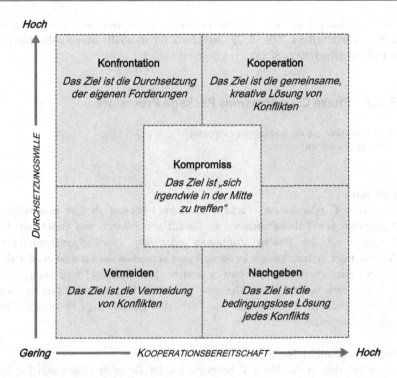

Abb. 5.2 Die 5 Konflikt-Strategien. (Nach Thomas/Kilmann)

eigenen Interessen zu opfern: „**Negotiators are not in the business of meeting demands, but rather of satisfying needs**" (McMains und Mullins 2014, S. 136).

Mind-Set
Sie wissen, dass der Decision Maker nun die Strategie wechseln wird. Anstelle der Professionellen Konfrontation tritt die Situationenorientierte Kooperation. Genießen Sie auch weiterhin den Konflikt. Denken Sie jedoch um, indem Sie sich nun mental darauf einstellen, dass Sie mit Kreativität, Flexibilität und Ausdauer Lösungen finden, die beide Seiten zufriedenstellen, bemühen Sie sich also um: „**Creativity – Flexibility – Patience**" (Goergen 2016, S. 17).

Während Sie in Phase A nur das Spiel gespielt haben, um zu gewinnen (Play to win), um also Positionen entweder durchzusetzen oder einen Deadlock (OP-Liste) herbeizuführen, ändern Sie nun Ihr Mind-Set, um den **Deadlock wieder aufzubrechen.** Sie spielen weiterhin, um zu gewinnen, aber auch um kreative Lösungen zu finden, die für alle Parteien akzeptabel sind. Ab sofort gilt: **„Play to win"** (Ross 2006, S. 22) and **„look for mutually acceptable creative solutions"** (Ross 2006, S. 33).

5.2.3 Phase C: Concessions Package Procedure

„Concessions are the language of cooperation"
(G. Richard Shell)

Definition
Die Phase C (Concessions Package Procedure) beginnt ab dem **erstmaligen** Verhandeln von **Paket-Positionen** in Gestalt von Paketen und **endet** mit der Einigung auf die **finalen Positionen** oder dem (vorläufigen/endgültigen) **Abbruch** der Verhandlungen. In dieser Phase versuchen die Parteien ein für alle Seiten zufriedenstellendes Ergebnis zu erreichen. Der Schlüssel dazu sind Pakete, d. h. Sie versuchen aus einem Mix von Geben (Ihre Konzessionen) und Nehmen (Konzessionen des Partners) für alle Positionen Lösungen zu finden, die alle zufriedenstellen.

Wahl der Konflikt-Strategie
Wenn Sie sich in der Phase C befinden, hat Ihr Decision Maker sich für die Konflikt-Strategie der Kooperation entschieden. Diese erfolgt unter Beachtung der gesamten Situation ihres Partners. Im Driver-Seat-Konzept wird dieses Vorghehen als **„Situationenorientierte Kooperation"** definiert (vgl. Rock 2019, S. 141 ff.)

Mind-Set
Genießen Sie auch weiterhin den Konflikt und suchen Sie, so wie in der Phase B (vgl. Abschn. 5.2.2) mit Kreativität, Flexibilität und Ausdauer Lösungen, die beide Seiten zufriedenstellen. Bemühen Sie sich also um: **„Creativity – Flexibility – Patience"** (Goergen 2016, S. 17).

Taktiken

- Ihr **Strategie-Papier:**
  Ihr wichtigstes Dokument ist die OP-Liste aus der Phase A. Dieses soll nun in ein Paket verwandelt werden, mit dem alle zufrieden sind.

- Starten Sie mit dem **Bonding (Stufen 1 bis 3 der BMI-Treppe)**
  Wenden Sie nun wieder die BMI-Strategie an und erklimmen Sie nach und nach die BMI-Treppe.

- Fokussieren Sie sich auf die **Mission (Learn** und **Bargain)** (Stufen 4 und 5 der BMI-Treppee)
  Achtung: in dieser Phase C (Concessions Package Procedure) geht es darum, die in Phase A analysierten Konflikte auf Stufe 5 der BMI-Treppe im Wege des „Gebens und Nehmens" (Reziprozität) zu lösen: „Use „give and take" bargaining" (Goergen 2016, S. 12).
  Beachten Sie dabei das wichtigste Gesetz, wonach kein offener Punkt gelöst ist, bevor nicht alle offenen Punkte gelöst sind: **„No issue is closed until all issues have been decided"** (Shell 2006, S. 169). So verhindern Sie, dass Ihr Partner sich die „Rosinen herauspickt". Ebenso verhindern Sie das ständige und lästige Nachverhandeln (Nibbling) von einzelnen Aspekten.

- Regen Sie **Time-Outs** an

Entweder Sie einigen sich auf ein Paket, das Ihre Interessen ausreichend wahrt oder Sie beenden die Verhandlungen gem. Abschn. 5.3.

5.3   Good Bye: Verabschieden Sie sich professionell

„It's not over until it's over"
(James L. Greenstone, Law No. 147)

Auch die richtige Verabschiedung gehört zum professionellen Verhandeln dazu. Sie beendet nicht nur das Treffen, sondern bereitet richtig ausgeführt auch den Boden für die (mögliche) nächste Verhandlungsrunde. Selbst wenn es den Anschein hat, dass es keine weiteren Gespräche geben wird, weil die Positionen zu weit auseinanderliegen und (derzeit) keine Aussicht auf eine Einigung besteht, darf man bei der Verabschiedung nicht nachlässig werden. Denn oft ist ein Abbruch nicht das Ende, sondern nur die Ruhepause vor neuen Gesprächen.

Die Art und Weise Ihrer Verabschiedung hängt davon ab, wie Ihr Decision Maker das Spiel weiter betreiben will. Will er weiterverhandeln? Die Verhandlungen aus taktischen Gründen abbrechen? Oder ist der Deal tatsächlich (vorerst) geplatzt?

Egal, was die Ziele sind: Bitte berücksichtigen Sie unbedingt, dass die Erfahrung lehrt, dass auch „endgültig" abgebrochene Verhandlungen sehr rasch wieder aufgenommen werden können. Die Situationen ändern sich ständig, sodass Sie nie wissen, wann Sie denjenigen Verhandlungspartner wieder treffen, dem Sie z. B. gerade mit „großer Wut" absagen möchten. Auch nach einem endgültigen Abbruch wissen Sie nicht, ob es schon vorbei ist. Das Leben lehrt uns die Banalität, dass es nicht vorbei ist, bevor es wirklich vorbei ist: „It's not over until it's over" (Greenstone 2005, S. 152).

Verhalten Sie sich deshalb bei jeder der nachfolgenden 3 Varianten so, als ob das Spiel nie endgültig vorbei wäre, auch wenn Sie das zum Zeitpunkt der Verabschiedung glauben:

- Variante 1 (Stay in the Game): Wenn Ihr Decision Maker weiterverhandeln, also im Spiel bleiben möchte, verabschieden Sie sich gemäß nachfolgendem Abschn. 5.3.1.
- Variante 2 (Walk Out): Wenn Ihr Decision Maker Sie angewiesen hat, einen taktischen Verhandlungsabbruch zu inszenieren, verabschieden Sie sich gemäß nachfolgendem Abschn. 5.3.2
- Variante 3 (Game Over): Wenn Ihr Decision Maker Ihnen die Weisung erteilt, die Verhandlungen endgültig zu beenden, verabschieden Sie sich gemäß nachfolgendem Abschn. 5.3.3.

5.3.1   Stay in the Game

„Buy time – be patient"
(Michael G. Goergen)

Verhalten Sie sich wie folgt:

1. Betonen Sie die Gemeinsamkeiten
2. Halten Sie die Offenen Punkte fest
3. Stellen Sie Ihre Kooperationsbereitschaft klar
4. Kündigen Sie die Abstimmung mit dem Decision Maker an
5. Vereinbaren Sie die Next Steps.

5.3.2   Walk Out

„Deadlocks can always be broken"
(George H. Ross)

Verhalten Sie sich wie folgt:

1. Betonen Sie die Gemeinsamkeiten
2. Halten Sie die Offenen Punkte fest
3. Stellen Sie **Ihre derzeit** nicht vorhandene Kooperationsbereitschaft klar: „Es tut mir leid, ich sehe derzeit keine Möglichkeit, die offenen Punkte sowohl zu Ihrer als auch zu unserer Zufriedenheit zu klären. **Ich** möchte deshalb die grundsätzlich konstruktiven Gespräche beenden".
4. Kündigen Sie die Abstimmung mit dem Decision Maker an
5. Stellen Sie Next Steps als möglich dar.

5.3.3 Game Over

„Never burn your bridges"
(George H. Ross)

Verhalten Sie sich wie folgt:

1. Betonen Sie die Gemeinsamkeiten
2. Halten Sie die Offenen Punkte fest
3. Stellen Sie die **nicht** vorhandene Kooperationsbereitschaft des **Decision Makers** klar
4. Bleiben Sie offen für die Kontaktaufnahme.

5.4 Zusammenfassung

Aus Gründen der Praktikabilität und zur Vermeidung von Doppelungen werden die wesentlichen Aspekte nur in der Checkliste zusammengefasst, zum Ablauf einschließlich ABC-Strategie vgl. Kap. 9.

Checkliste zum Mind-Set

6

1. Die andere Seite ist immer **Partner,** niemals Feind: „Never create an enemy" (Kohlrieser).
2. Reagieren Sie niemals auf Provokationen, stellen Sie Distanz zum Verhandlungsgeschehen her: **„Don't react: Go to the balcony"** (Ury).
   Beachten Sie: „If you can't control yourself, you can't control the situation" (Goergen).
   Taktiken: **Time-Out** oder Schweigen.
3. Befassen Sie sich mit der Wirkweise der Waffen der Beeinflussung (vgl. Abschn. 4.6).
4. Regen Sie immer wieder ein Time-Out an und identifizieren Sie die Waffen der Beeinflussung, die gegen Sie eingesetzt werden.
5. **Nehmen** Sie sich ausreichend **Zeit:** „Slow everything down" (Greenstone).
6. Sie haben immer ein Informationsdefizit, deshalb gilt: „Verzichten Sie auf die Einschätzung der Macht" (Schranner).

© Der/die Herausgeber bzw. der/die Autor(en), exklusiv lizenziert durch
Springer Fachmedien Wiesbaden GmbH, ein Teil von Springer Nature 2020
H. Rock, *Field Guide für Verhandlungsführer,* essentials,
https://doi.org/10.1007/978-3-658-30091-3_6

Checkliste zur Team-Strategie

7

1. Die Rolle des Decision Makers und die Rolle des Primary Negotiators sind – grundsätzlich – streng getrennt. Es gilt das Gesetz Nr. 10 von Greenstone: „Negotiators don't command, and commanders don't negotiate". Das One Man Team sollte die absolute Ausnahme sein!

2. Der **Decision Maker:**
   - bestimmt/überwacht die Mission
   - führt das gesamte Projekt-Team
   - ist nicht in der Verhandlung präsenter Bad Guy
   - ist die Higher Authority.

3. Der **Primary Negotiator:**
   - ist immer der Good Guy (**Beziehung geht vor Position**)
   - ist für das Bonding zuständig, er beherrscht und praktiziert die BMI-Strategie (vgl. Kap. 4) und die Weapons of Influence (vgl. Abschn. 4.6).
   - ist fachlich sehr kompetent
   - hört auf den Rat des Secondary Negotiators
   - ist „single point of contact"
   - kann das Verhandlungs-Team führen (**N-Team Leader**)
   - versucht, unmittelbar mit dem **Decision Maker** der anderen Seite zu verhandeln, um diesen unmittelbar zu beeinflussen.

4. Der **Secondary Negotiator:**
   - hat mehrere Rollen
   - konzentriert sich als sehr erfahrener und nicht redender Negotiator insbesondere auf das Active Listening[80] (vgl. Abschn. 4.1) und auf seine Rolle als Coach des Primary Negotiators.

© Der/die Herausgeber bzw. der/die Autor(en), exklusiv lizenziert durch Springer Fachmedien Wiesbaden GmbH, ein Teil von Springer Nature 2020
H. Rock, *Field Guide für Verhandlungsführer*, essentials, https://doi.org/10.1007/978-3-658-30091-3_7

5. Der **Bad Guy:**
   - darf negative Botschaften klar kommunizieren und „hart und unangenehm"
     auftreten **(Position geht vor Beziehung)**
   - er muss sich in Bezug auf die von ihm vorgetragenen Positionen nicht
     bewegen.
6. Die **Experten:**
   - unterstützen den Decision Maker bzw. den Primary Negotiator ent-
     sprechend den ihnen zugewiesenen Aufgaben.
   - Experten können als präsenter Bad Guy auftreten (insbes. Rechtsanwälte).
7. **Team-Varianten:**
   - **Standard Team** (ein Decision Maker und nur ein Primary Negotiator),
   - **Performance Team** (ein Decision Maker und zwei verhandelnde Personen,
     nämlich ein Primary Negotiator als Good Guy und ein Bad Guy)
   - **High Performance Team** (ein Gremium als Decision Maker, ein weiterer
     Decision Maker und drei verhandelnde Personen, nämlich ein Primary
     Negotiator als Good Guy, ein Bad Guy und ein Secondary Negotiator).
   - **One Man Team** (Notlösung, die in der Realität oft benutzt wird); Vor Ent-
     scheidungen Experten fragen oder eine Nacht drüber schlafen
8. Schreiben Sie vor Verhandlungen intern eine Team-Mail, in der Sie die Rollen
   verteilen.

Checkliste zur BMI-Strategie 8

1. Steuern Sie Ihr **nonverbales** Verhalten und Ihre **Stimme.**
2. Stellen Sie **Offene Fragen,** es sei denn Ihr Partner redet ungefragt:
   - Konzentrieren Sie sich auf „**Was?**" und „**Wie?**"
   - Verwenden Sie in sehr **angespannten** Situationen **nicht** die Frage „**Warum?**"
3. **Hören** Sie zu,
   - ohne zu unterbrechen (den Partner ausreden lassen);
   - ohne sich gleichzeitig Gegenargumente zu überlegen (also: volle Konzentration auf das Gehörte);
   - um sich in die Situation bzw. „Welt" Ihres Partners zu versetzen (Role Reversal).
4. Geben Sie **Active Listening Statements** ab
   - **Minimal Encouragement:** Erklären Sie minimale Zustimmungen (ah, uuh, ok).
   - **Mirroring:** Wiederholen Sie die letzten Wörter (z. B. „2019 erfolgreichstes Jahr?");
   - **Paraphrising:** Geben Sie den Inhalt in eigenen Worten wieder („Ich glaube zu verstehen, dass es Ihnen um die Lieferzeiten geht, ist das richtig?"),
   - **Emotional Labeling:** Geben Sie die Emotionen Ihres Partners in eigenen Worten wieder („Ich glaube zu verstehen, dass Sie die zu langen Lieferzeiten verärgert haben, ist das richtig?");
   - **Summarizing:** Fassen Sie Inhalt und Emotionen in eigenen Worten zusammen („Ich glaube zu verstehen, dass es Ihnen um die Lieferzeiten geht. Diese waren wohl zu lang und das hat Sie verärgert").

© Der/die Herausgeber bzw. der/die Autor(en), exklusiv lizenziert durch Springer Fachmedien Wiesbaden GmbH, ein Teil von Springer Nature 2020
H. Rock, *Field Guide für Verhandlungsführer,* essentials, https://doi.org/10.1007/978-3-658-30091-3_8

5. Machen Sie **Effektive Pausen**
   - Schweigen Sie absichtlich: „Pause and say nothing" (Ury)
   - Folgen Sie der Empfehlung von Strentz: „…the average American can tolerate ten seconds of silence. So, practice silence for eleven, twelve, thirteen seconds…"
6. Machen Sie sich **Notizen**
   Folgen Sie der Empfehlung von Greenstone: „Document the entire scenario. Keep accurate and up-to-date records of everything that happens. …Write things down".
7. Analysieren Sie die **4 Ebenen** der Kommunikation
   - Welche rein **sachlichen** Informationen enthält die Nachricht?
   - Was sagt Ihr Verhandlungspartner **über sich** als Person, insbesondere seine emotionale und rationale Welt aus?
   - Welche (versteckte) **Handlungsaufforderung** enthält die Nachricht Ihres Verhandlungspartners? Was genau sollen Sie tun oder unterlassen?
   - Was sagt die Nachricht über die **Beziehung** zwischen Ihnen und Ihrem Partner aus? Fühlt sich Ihr Verhandlungspartner überlegen oder unterlegen? Sieht er Sie beide auf derselben Ebene?

Stufe 2: Tactical Empathy

1. Wechseln Sie die **Schuhe:** Verstehen Sie die Story, Verstehen Sie die Erwartungen, Verstehen Sie die Gefühle Ihres Verhandlungspartners
2. **Kommunizieren** Sie Ihr **Verständnis** für die Situation und Positionen Ihres Verhandlungspartners: „Ich verstehe Ihre Sicht der Dinge".
3. **Loben** Sie Ihren Verhandlungspartner.

Stufe 3: Erreichen Sie 51 % Vertrauen

1. Checken Sie Ihr Trust-Level: Indiz für mind. 51 % Trust: „Subject's disclosure of personal information" (Goergen).
2. Vermeiden Sie Bonding Breaker:
   - Verhalten Sie sich nicht respektlos
   - Werten Sie nicht die Leistung Ihres Partners ab
   - Verletzen Sie nicht die Gebote der Fairness
   - Halten Sie Ihre Versprechen
   - Seien Sie nicht überheblich

- Lügen Sie nicht
- Drohen Sie niemals, arbeiten Sie nur mit Warnungen
- Treten Sie nicht aggressiv auf
- Treiben Sie Ihren Partner nicht in die Ecke
- Diktieren Sie niemals die Bedingungen
- Erteilen Sie keine Ratschläge.
3. Reagieren Sie auf Bonding Breaker mit einem Time-Out.

Stufe 4: Learn: Werten Sie ständig die jeweils aktuellen Informationen aus
Analysieren Sie die Konflikte aufgrund der gewonnenen Informationen

Stufe 5: Bargain

1. Aktuelle **Konflikt-Strategie** des Decision Makers?
2. Allgemeine Inhaltliche Aussagen
   - „**Ich** denke, …**ich** bin der Meinung";
   - „Lassen Sie uns darüber nachdenken, ob …";
   - In der Phase A (**A**nalyse Open Points) bedeutet Bargain: „Bargain Hard";
   - In der Phase C (**C**oncessions Package Procedure) bedeutet Bargain: „Use "give and take" bargaining".
3. Anstelle von Ja (kein „Ja")
   - Das **könnte** ich mir vorstellen" (Konjunktiv!);
   - „**interessant**".
4. Anstelle von Nein („No to No")
   - „Das scheint mir **schwierig** zu sein";
   - „Damit **fühle ich mich nicht wohl**".

Stufe 6: Intensivieren Sie die Waffen der Beeinflussung (Influence)

1. Gehen Sie folgende Checkliste durch:
   - Serie 1: Sympathie ->Anchoring ->Argumente
   - Serie 2: Beispiele ->Bilder ->Stories
   - Serie 3: Soziale Bewährtheit ->Autorität ->Fairness
   - Serie 4: Priming ->Framing ->Partizipation
     und zusätzlich in Phase C:
   - Serie 5: Reziprozität ->Konsistenz ->Knappheit.
2. Überprüfen Sie Ihre Abwehrmaßnahmen gegen die Waffen der Beeinflussung (Time Out und Nachdenken).

Stufe 7: Compliance/Non-Compliance
Sammeln Sie alle Offenen Punkte auf der **Offenen Punkte Liste**. Versuchen Sie
die Offenen Punkte später (Phase C) im Rahmen von Paketen zu verhandeln.
  Sollten Sie keine zufriedenstellende Lösung finden, wird Ihr Decision Maker
die Verhandlungen beenden: „No deal is better than a bad deal".

Checkliste zum Verhandlungs-Prozess 9

9.1 Opening

1. **Small Talk**
2. **Agenda:** z. B. Vertragstext
3. **Smart Start:** Lassen Sie grundsätzlich Ihren Partner eröffnen: „You go first" (Misino)
4. Sonderfall **Krise:** „My name is …I am with the … department. Are you OK?"

9.2 Middle of Act Two

9.2.1 Phase A: Analyse Open Points

1. **Ihr Strategie-Papier:** Legen Sie ein weißes Blatt Papier mit der Überschrift „OP-Liste" vor sich Notieren Sie auf diesem Blatt sukzessive die Offenen Punkte.
2. Starten Sie mit dem **Bonding**
3. Fokussieren Sie sich auf Ihre **Mission**
   - Stufe 4: **Learn:** („You go first").
   - Stufe 5: Bargain („Bargain Hard" und OP-Liste erstellen).
4. Intensivieren Sie die Weapons of **Influence**
5. Finalisieren Sie auf Stufe 7 die Offene Punkte Liste, wenn Sie keine Zustimmung (Compliance) erreichen.
6. Regen Sie **Time-Outs** an

© Der/die Herausgeber bzw. der/die Autor(en), exklusiv lizenziert durch Springer Fachmedien Wiesbaden GmbH, ein Teil von Springer Nature 2020 H. Rock, *Field Guide für Verhandlungsführer,* essentials, https://doi.org/10.1007/978-3-658-30091-3_9

9.2.2 Phase B: Break 4 Change

1. Wechsel der Konflikt-Strategie?
2. Driver-Seat-Konzept: ab jetzt Kooperation statt Konfrontation

9.2.3 Phase C: Concessions Package Procedure

1. Ihr Strategie-Papier: Verwandeln Sie die OP-Liste in ein Paket-Deal, mit dem beide Seiten zufrieden sind
2. Starten Sie mit dem **Bonding**
3. Fokussieren Sie sich auf Ihre **Mission**
   Stufe 4: Learn („You go first").
   Stufe 5: Bargain („Use "give and take" bargaining"):
   Stellen Sie das **Paket-Prinzip** klar („no issue is closed until all issues have been decided")
4. Intensivieren Sie die Weapons of **Influence**
5. Regen Sie Time-Outs an.

9.3 Good Bye: Verabschieden Sie sich professionell

Verhalten Sie sich bei jeder der nachfolgenden 3 Varianten so, als ob das Spiel nie endgültig vorbei wäre, auch wenn Sie das im Zeitpunkt der Verabschiedung glauben.

Betonen Sie in allen 3 Varianten die **Gemeinsamkeiten** und halten Sie die **Offenen Punkte** fest.

9.3.1 Stay in the Game

Stellen Sie Ihre Kooperationsbereitschaft klar und vereinbaren Sie die Next Steps.

9.3.2 Walk Out

Stellen Sie **Ihre** derzeit **nicht** vorhandene Kooperationsbereitschaft klar: „Es tut mir leid, ich sehe derzeit keine Möglichkeit, die offenen Punkte sowohl zu

Ihrer als auch zu unserer Zufriedenheit zu klären. Wir sollten die grundsätzlich konstruktiven Gespräche beenden."

9.3.3 Game Over

Stellen Sie die **nicht** vorhandene Kooperationsbereitschaft des **Decision Makers** klar. Bleiben Sie als Negotiator offen für die Kontaktaufnahme.

Was Sie aus diesem *essential* mitnehmen können

- Trennen Sie konsequent zwischen der **aufgaben**orientierten Team-Strategie, der **verhalten**sorientierten BMI-Strategie und der **prozess**orientierten ABC-Strategie.
- Starten Sie bitte jede Verhandlung mit der **Team-Strategie** und unterscheiden Sie konsequent zwischen dem Decison Maker und dem Negotiator bzw. dem Verhandlungsteam
- **Verhalten** Sie sich als Verhandlungsführer stets professionell. Wenden Sie die BMI-Strategie (**B**onding, **M**ission, **I**nfluence) an und orientieren Sie sich an der universell anwendbaren **BMI-Treppe** mit 7 Stufen. Die BMI-Treppe beruht auf dem von der Crisis Negotiation Unit (CNU) des New York Police Departments entwickelten „Behavioral Change Stairway Model", kurz „BCSM".
- Steuern Sie den **Prozess** der Verhandlung durch Anwendung der **ABC-Strategie**. Machen Sie sich die 5 Konfliktlösungsstrategien gem. dem Thomas-Kilmann Conflict Mode Instrument bewusst und starten Sie immer mit der Professionellen Konfrontation (persönlich respektvoll, inhaltlich hart), um so die Konflikte zu analysieren (Analyse Open Points). Bitten Sie (als Negotiator) Ihren Decison Maker in einer Pause darum, darüber nachzudenken, ob er nach der Analyse aller Konflikte die Strategie wechseln will (Break 4 Change). Wenden Sie – im Idealfall – ab jetzt die Konflikt-Strategie der Kooperation an und lösen Sie alle Konflikte im Paket durch „give and take bargaining" (Concessions Package Procedure).

© Der/die Herausgeber bzw. der/die Autor(en), exklusiv lizenziert durch Springer Fachmedien Wiesbaden GmbH, ein Teil von Springer Nature 2020
H. Rock, *Field Guide für Verhandlungsführer*, essentials,
https://doi.org/10.1007/978-3-658-30091-3

Literatur

Bolz, F., & Hershey, E. (1995). *Hostage cop*. New York: Rawson Wade.

Cohen, H. (1982). *You can negotiate anything*. New York: Bantam Books.

Dawson, R. (1999). *Secrets of power negotiating* (2. Aufl.). Pompton Plains: Career Press.

Dolnik, A., & Fitzgerald, K. (2008). *Negotiating hostage crises with new terrorists*. London: Praeger Security International.

Goergen, M. (2016). *Crisis negotiatiors field guide* (3. Aufl.). Minneapolis: Eagle Training.

Greenstone, J. L. (2005). *The elements of police hostage and crisis negotiations*. New York: Routledge.

Jung, S., & Krebs, P. (2016). *Die Vertragsverhandlung*. Wiesbaden: Springer Gabler.

Kahneman, D. (2013). *Thinking, fast and slow*. New York: Penguin Books.

Kohlrieser, G. (2006). *Hostage at the table*. San Francisco: Jossey-Bass.

Krauthan, G. (2013). *Psychologisches Grundwissen für die Polizei* (5. Aufl.). Weinheim: Beltz.

McMains, M., & Mullins, W. (2014). *Crisis negotiations* (5. Aufl.). Amsterdam: Elsevier.

Misino, D. (2004). *Negotiate and win*. New York: McGraw-Hill.

Noesner, G. (2010). *Stalling for time*. New York: Random House.

Rock, H. (2019). *Erfolgreiche Verhandlungsführung mit dem Driver-Seat-Konzept*. Wiesbaden: Springer.

Ross, G. (2006). *Trump style negotiation*. New Jersey: Wiley.

Salewski, W. (2008). *Die Kunst des Verhandelns*. Weinheim: Wiley.

Schranner, M. (2013). *Faule Kompromisse*. Berlin: Econ.

Schranner, M. (2016). *Verhandeln im Grenzbereich* (13. Aufl.). München: Econ Ullstein List.

Schranner, M. (2016). *Teure Fehler* (8. Aufl.). Berlin: Econ.

Schwarz, G. (2014). *Konfliktmanagement* (9. Aufl.). Wiesbaden: Springer Gabler.

Shell, R. (2006). *Bargaining for advantage*. New York: Penguin.

Slatkin, A. (2005). *Communication in crisis and hostage negotiations*. Springfield: Charles C. Thomas.

Strentz, T. (2013). *Hostage /crisis negotiations, lessons learned from the bad, the mad, and the sad*. Springfield: Charles C. Thomas.

© Der/die Herausgeber bzw. der/die Autor(en), exklusiv lizenziert durch Springer Fachmedien Wiesbaden GmbH, ein Teil von Springer Nature 2020
H. Rock, *Field Guide für Verhandlungsführer*, essentials,
https://doi.org/10.1007/978-3-658-30091-3

Strentz, T. (2018). *Psychological aspects of crisis negotiation* (3. Aufl.). New York: Routledge und Taylor & Francis.
Ury, W. (2007). *Getting past no.* New York: Bantam Books.
Voss, C., & Raz, T. (2016). *Never split the difference.* New York: Harper Collins.

Weitere Quellen

Harvard Law School: Richardson, J., Negotiation (August 2013), Volume 16, Number 8, Program on Negotiation.
Vecchi, G. M., Van Hasselt, V. B., & Romano, S. J. (2005). Crisis (hostage) negotiation: Current strategies and issues in high-risk conflict resolution. *Aggression and Violent Behavior, 10,* 533–551.

Printed in the United States
By Bookmasters

Printed in the United States
By Bookmasters